Roberta Vicchi

DIE PATRIARCHALBASILIKEN ROMS

Peterskirche
San Giovanni in Laterano
San Paolo fuori le Mura
Santa Maria Maggiore

SCALA

Inhalt

Einführung
Pilger und Jubeljahre 5
Das Jubeljahr in der jüdischen
und christlichen Welt 7
Das Heilige Jahr 2000 9

Die Peterskirche
Petrus und Rom 12
Von der Grabstätte zur ersten
konstantinischen Basilika 14
Die „neue" Peterskirche 18
Die Vollendung der Basilika 21
Die heutige Basilika 27
Der Innenraum der Basilika 41

San Giovanni in Laterano
Zwischen Geschichte und Legende 64
Eine Abfolge von Unglücken
und Instandsetzungen 66
Die heutige Fassade 69
Der Innenraum der Basilika 73
Das Baptisterium 85
Zum Obelisken und darüber hinaus 91

San Paolo fuori le Mura
Zur Geschichte 94
Der Wiederaufbau nach der
Feuersbrunst 96
Der Außenbereich der Basilika 99
Der Innenraum der Basilika 103
Das Kloster und der Kreuzgang 117
Der Glockenturm 119

Santa Maria Maggiore
Eine Geschichte zwischen
Legende und Wirklichkeit 122
Der Bau der Basilika 124
Die heutige Basilika 127
Der Innenraum der Basilika 133
Die Mosaike und ihre Bedeutung 147

Einführung

Pilger und Jubeljahre

Das Jahr 1300 ist das erste Heilige Jahr in der christlichen Geschichte. Eine Chronik jener Zeit von Giovanni Villani beschreibt die Inbrunst und Besonnenheit der zahlreichen Gläubigen, die in jenem Jahr aus ganz Europa nach Rom kamen: „...zur Freude der Pilger wurde jeden Freitag oder Festtag das Schweißtuch der hl. Veronika in Sankt Peter zur Schau gestellt. Ein Großteil der Christen aus verschiedenen, weit entfernten Ländern machten eine Pilgerreise nach Rom und in der Stadt befanden sich, abgesehen von den Römern selbst, über das ganze Jahr hinweg immer rund zweihunderttausend Pilger auf einmal und sie hielten sich dort ohne viel Aufsehen und Balgereien auf ... und ich kann das bezeugen, denn ich war selbst dort und habe es gesehen".

Wenn man bedenkt, daß die Stadt Rom zu jener Zeit kaum mehr als 150 000 Einwohner gezählt haben dürfte, so erweist sich die von dem Chronisten genannte Ziffer wirklich als außerordentlich - genauso außergewöhnlich wie die Tatsache, daß so viele Pilger auf dem Weg waren, trotz der unvermeidlichen Beschwerlichkeiten und großen, uns heute unvorstellbaren Hindernisse, denen sie auf ihrer wochen- wenn nicht monatelangen, meistenteils zu Fuß bewältigten Reise begegneten.

Aber das Heilige Jahr bot Gelegenheit, einmal mehr einer Tradition zu huldigen, die nicht nur den Christen sondern allen Völkern und Religionen gemein war.

Im Christentum erreichte der Pilgergedanke seine größte Verbreitung während des Mittelalters.

Alle Religionen und Kulturen kennen den Brauch von Wallfahrten, die zwar auch soziale Implikationen hatten, beispielsweise die Möglichkeit, neue Länder, Völker und Traditionen kennenzulernen, in erster Linie jedoch stets eine Form der Andacht waren, die darin bestand, sich allein oder mit anderen an eine Heilige Stätte zu begeben und dort besondere fromme Weihe- oder Bußhandlungen zu vollziehen.

In der christlichen Geschichte hatten die ersten Pilgerzüge Palästina zum Ziel, das Land, wo Jesus und die Apostel gelebt hatten. Vor allem nachdem Kaiser Konstantin und seine Mutter Helena den Bau der

S. 2-3, Anonymus des 16. Jhs., *Ansicht von Rom.* **Mantua, Palazzo Ducale**

Pisanello, *Wappen der Familie Pellegrini.* **Verona, Kirche Sant'Anastasia**

Katalanischer Anonymus, *Prozessionsfahne mit Darstellung der hl. Veronika.* Sassari, Dom

Schule des Domenico Ghirlandaio, *Werke der Barmherzigkeit: Beherbergung von Pilgern*, Detail. Florenz, Oratorium San Martino dei Buonomini

Basiliken über dem Grab Christi und auf dem Kalvarienberg veranlaßt hatten, brachen viele Pilger ins Heilige Land auf. Bevor sie loszogen, ließen sie ihren Gürtel segnen und gingen in einem einfachen Mantel, mit einem breiten Hut auf dem Kopf, einem umgehängten Sack und einem Pilgerstab in der Hand, an welchem ein hohler Kürbis als Wassergefäß befestigt werden konnte, auf Wanderschaft. Auf ihrem Weg fanden sie in allen Ländern zahlreiche Klöster und religiöse Einrichtungen, die ihnen Gastfreundschaft gewährten.

Vor allem im Mittelalter zogen Tausende von Pilgern zu christlichen Stätten wie Santiago de Compostela in Spanien und Canterbury in England. Aber das unter allen Wallfahrtsorten stets bevorzugte Ziel war Rom, die Stadt des Nachfolgers Petri und der Apostelgräber, das hinreichend ausgestattet war, um sie angemessen willkommen zu heißen.

Die Pilger besuchten nicht nur die Apostelgräber, sondern verehrten auch bedeutende Reliquien, etwa das „Schweißtuch der hl. Veronika", benannt nach jener Frau, die - einer alten Überlieferung gemäß - das schwitzende und leidgeprüfte Antlitz Christi bei dessen Weg auf den Kalvarienberg mit einem Tuch abgetrocknet hat, wobei sich auf demselben die Züge des Heilands eingeprägt haben sollen.

Seit dem Jahre 1300 wurde der Brauch der Wallfahrten bereichert um die Tradition der Jubeljahre. Sie leitete sich direkt aus dem Judentum her, das - den Vorgaben der Heiligen Schrift entsprechend - alle 50 Jahre eine Phase vorsah, in welcher der Ackerbau ruhen und die Felder nicht angebaut werden durften, die Sklaven und Gefangenen befreit und die verkauften Ländereien den ursprünglichen Eigentümern zurückgegeben werden mußten.

Das Jubeljahr in der jüdischen und christlichen Welt

Miniaturbild aus dem späten 16. Jh., *Papst Bonifatius VIII. ruft von der Loggia des Laterans das erste Heilige Jahr aus*, Kopie eines Freskos von Giotto. Mailand, Biblioteca Ambrosiana

Der Begriff „Jubiläum" stammt etymologisch von dem Terminus „Widderhorn", auf hebräisch „jobél", das in Israel geblasen wurde, um dem Volke den Beginn des außerordentlichen Jahres anzukündigen. Dieses Signal zeigte den Beginn einer wichtigen Zeitspanne an, in der sich einige im gesellschaftlichen Bereich bedeutende Ereignisse abspielten. Das Buch *Levitikus* der Bibel spricht ausführlich darüber. In diesem Text wird uns Israel als überaus moralische und soziale Gesellschaft vor Augen geführt, die dem Gemeinsinn, dem Ausgleich der Klassen und Lebensumstände, der Gerechtigkeit und Liebe verpflichtet war: „Du sollst sieben Jahreswochen, siebenmal sieben Jahre, zählen; die Zeit von sieben Jahreswochen ergibt für dich neunundvierzig Jahre. Im siebten Monat, am zehnten Tag des Monats, sollst du das Signalhorn ertönen lassen; am Versöhnungstag sollt ihr das Horn im ganzen Land ertönen lassen. Erklärt dieses fünfzigste Jahr für heilig, und ruft Freiheit für alle Bewohner des Landes aus! Es gelte euch als Jubeljahr. Jeder von euch soll zu seinem Grundbesitz zurückkehren, jeder soll zu seiner Sippe heimkehren. Dieses fünfzigste Jahr gelte euch als Jubeljahr. Ihr sollt nicht säen, den Nachwuchs nicht abernten, die unbeschnittenen Weinstöcke nicht lesen. Denn es ist ein Jubeljahr, es soll euch als heilig gelten. Vom Feld weg sollt ihr den Ertrag essen. In diesem Jubeljahr soll jeder von euch zu seinem Besitz zurückkehren." (Buch *Levitikus*, 25,8-13).

Die Berechnung der christlichen Jubeljahre orientiert sich hingegen am 1. Januar des Jahres 1300. Am Abend jenes Tages strömte eine überwältigende Menge von Pilgern in die Peterskirche, in der Überzeugung, daß eine solche Hundertjahrfeier die allgemeine Vergebung ihrer Sünden nach sich ziehe. Papst Bonifatius VIII. (1295-1303) rief am 22. Februar des Jahres 1300 das erste Heilige Jahr in der Geschichte der Christenheit aus, das von nun an alle einhundert Jahre gefeiert werden sollte, auch wenn es nicht eigentlich zur Tradition der christlichen Kirche gehörte.

Unter den zwei Millionen Pilgern, die sich im Laufe jenes Jahres in Rom einfanden, war auch Dante Alighieri (1265-1321).

Im Laufe der Jahrhunderte wurde die Zeitspanne zwischen den Heiligen oder Jubeljahren mehrfach korrigiert. Schon 1342 entschied Papst Klemens VI. (1342-1352) im französischen Avignon, wo die Päpste ihren Sitz genommen hatten, daß das Heilige Jahr nicht alle 100, sondern alle 50 Jahre begangen werden sollte. Heute wird es, abgesehen von einigen Sonderdaten, gemeinhin alle 25 Jahre gefeiert.

Der traditionellen Abfolge entsprechend wäre das letzte, nämlich fünfundzwanzigste Jubeljahr das 1975 von Papst Paul VI. (1963-1978) ausgerufene Heilige Jahr, doch sind zahlreiche außerordentliche Jubeljahre hinzuzurechnen, welche die Päpste bei besonderen Anlässen des Kirchenlebens angesetzt haben. Im 20. Jh. erklärte beispielsweise Papst Pius XI. (1922-1939) anläßlich der 19. Hundertjahrfeier des Todes Christi 1933 zum Jubeljahr. Papst Johannes Paul II. rief 1983 das Heilige Jahr der Erlösung aus.

Die Jubeljahre sind begleitet von speziellen Riten, zum Beispiel der Öffnung des Jubeltores oder dem Besuch der bedeutendsten Kirchen Roms, die auch „Patriarchalbasiliken" genannt werden. In der Heiligen Nacht, die dem Jubeljahr vorangeht, begibt sich der Papst in die Vorhalle der Peterskirche und schlägt in symbolischer Geste mit einem Hammer dreimal auf das Jubeltor, um es zu öffnen.

Dieses Tor, durch welches ein ganzes Jahr lang die Pilger in die Kirche strömen, um das Jubiläumsjahr zu begehen, wird ein Jahr später, wiederum in der Heiligen Nacht, erneut geschlossen.

Derselbe Ritus vollzieht sich unter dem Vorsitz von drei päpstlich delegierten Kardinälen auch in den anderen drei Patriarchalbasiliken von Rom: San Giovanni in Laterano, San Paolo fuori le Mura und Santa Maria Maggiore. Der erste Papst, der das Jubeltor öffnete, war Papst Alexander VI. (1492-1503) anläßlich des Jubeljahres 1500.

Das Jubeltor

Pilger an der Heiligen Tür der Basilika Santa Maria Maggiore anläßlich des Jubeljahres 1975

Giorgio Vasari, *Papst Clemens VII. öffnet anläßlich des Jubiläums von 1525 die Heilige Tür*. Florenz, Palazzo Vecchio

Das Jubeltor als sinnfälligstes Symbol des Heiligen Jahres, ist normalerweise vermauert und wird ausschließlich anläßlich der Jubeljahre geöffnet.

Der Gedanke eines verschlossenen und dann, bei außerordentlichen Gelegenheiten geöffneten Zugangs scheint auf eine alte christliche Regel zu verweisen, wonach es den öffentlichen Büßern untersagt war, die Kirche zu betreten, bis nicht die gesamte für ihre Buße festgesetzte Zeit abgelaufen war. Die alte Öffnungszeremonie, die seit 1499 von Generation zu Generation überliefert wird, ist voller Symbole und Sinnbilder. Das Instrument, mit welchem das Jubeltor geöffnet wird, ist kein Schlüssel, wie man vielleicht vermuten möchte, sondern ein Hammer. Die rituellen drei Hammerschläge, die vom Papst persönlich ausgeführt werden, sind mit der Vorstellung einer schwer zu öffnenden Tür verbunden. Gerechtigkeit und Barmherzigkeit im Geiste des Heiligen Jahres erlangt man nämlich allein durch die Macht des Gebets und der Buße. Auch die Worte, die der Papst spricht, während die Mauer fällt, welche die Tür versperrt, und in der Erwiderung, die von den Anwesenden gesprochen wird, zeigt sich der Sinn dieser Handlung, welche die Jubiläumsfeierlichkeiten offiziell eröffnet „Dies ist die Tür des Herrn" sagt der Papst, und die Gläubigen fügen hinzu: "Durch sie werden die Gerechten eintreten".

Das Heilige Jahr 2000

Aus vielen verschiedenen Gründen ist das Jubiläumsjahr 2000 von besonderer Bedeutung. Zunächst handelt es sich um das erste Heilige Jahr der Geschichte, das anläßlich einer Jahrtausendwende begangen wird.

Aber mit dem Jahr 2000 muß sich die Menschheit auch und vor allem einer Reihe von bisweilen erfreulichen, bisweilen aber auch besorgniserregenden Herausforderungen stellen. Man denke etwa an die um sich greifende Globalisierung mit ihren unvermeidlichen wirtschaftlichen Konsequenzen, an die schnelle Entwicklung der menschlichen Kapazitäten und an die Gefahr, daß die großen technologisch-wissenschaftlichen Entdeckungen das Individuum zunehmend in eine passive Rolle, ja in die Rolle des Ausgebeuteten zwingen könnten. Das Jahr 2000 der christlichen Zeitrechnung erweist sich somit in seinem feierlichen Gedächtnis zweier Jahrtausende seit der Geburt Christi als ein Anlaß zur Reflexion und als Herausforderung.

Papst Johannes Paul II. hat im vorbereitenden Brief auf das große Jubeljahr folgendes geschrieben: „Vor diesem Hintergrund erweisen sich die zweitausend Jahre seit der Geburt Christi (unabhängig von der Richtigkeit der zeitlichen Berechnung) als ein außergewöhnlich bedeutendes Jubiläum, nicht allein für die Christen, sondern mittelbar für die gesamte Menschheit, wenn man die führende Rolle bedenkt, die das Christentum in diesen zwei Jahrtausenden eingenommen hat. Bezeichnenderweise geht die Zeitrechnung fast überall von der Ankunft Christi in der Welt aus, ein Ereignis, das somit der Angelpunkt des meistverbreiteten Kalenders ist. Ist nicht auch dies ein Zeichen für den unvergleichlichen Beitrag der Geburt Jesu von Nazareth zur Weltgeschichte? Der Begriff „Jubiläum" spricht von Freude und zwar nicht nur von innerer Freude. Er spricht von einem Jubel, der sich auch nach außen hin mitteilt, zumal das Kommen Gottes auch eine äußerliche, sichtbare, hörbare und spürbare Begebenheit ist, wie der hl. Johannes erinnert (1 Joh. 1,1). Es ist von daher Rechtens, daß jeder Ausdruck der Freude über diese Ankunft auch äußerlich bekundet wird, um zu zeigen, daß die Kirche sich über die Erlösung freut. Sie ruft alle zur Freude auf und sie bemüht sich, die Bedingungen dafür zu schaffen, daß sich die rettenden Kräfte jedem mitteilen können" (*Tertio Millennio Adveniente*, 15-16). Das Buch, dessen Lektüre dem Leser hiermit anheimgestellt wird, soll eine Hilfe sein, um sich auf einer idealen Reise durch die vier Patriarchalbasiliken Roms mit dem Geist der Jubeljahre und der Wallfahrten vertraut zu machen.

Tausende von Pilgern haben diese Gotteshäuser im Laufe der Jahrhunderte gesehen. Ziel der Wallfahrer waren vor allem die zwei Basiliken über den Gräbern von Petrus und Paulus, denen sich San Giovanni in Laterano und Santa Maria Maggiore zugesellten. Heute ist nur wenig von der ursprünglichen Gestalt der vier Basiliken erhalten, doch sind sie trotz aller Um- und Neubauten stets Sinnbild eines lebendigen Glaubens geblieben, der fortgesetzt zelebriert wird und die Zeichen seiner Geschichte in den Werken von Künstlern aller Zeiten manifestiert.

Wie von alters her die Pilger, so treten wir in unserer Vorstellung durch die Jubeltore ein und verharren in bewunderndem Erstaunen vor den bedeutenden Kunstwerken, welche die Basiliken schmücken. Nicht von Worten, die immer nur ungenügend den Sinn der Dinge in all seiner Vielfalt zu erfassen vermögen, sondern von der Schönheit der Bilder lassen wir uns rühren und ergreifen, als Auftakt und Einleitung zu einer denkbaren Besichtigung oder zur erinnernden Rückschau auf eine frühere Erfahrung. Von daher zielt der vorliegende Text nicht bloß auf historische und kunstgeschichtliche Erläuterungen, sondern will, über das rein Materielle hinaus, zu dem vordringen, was dem Schönen zugrundeliegt, also zu Gott. Es geht darum, im Leser nicht bloß einen Besucher oder Touristen zu sehen, sondern einen Pilger auf der Suche nach dem Absoluten.

Die Peterskirche

Petrus und Rom

Unsere Geschichte, welche zugleich die Geschichte einer Basilika ist, zu der Millionen Wallfahrer im Laufe der Jahrhunderte ihre Schritte gelenkt haben, beginnt weit entfernt in einer Region, welcher das große Rom keine besondere Bedeutung beimaß, wo es aber trotzdem einen Statthalter unterhielt.

Der uns interessierende Mann ist ein Fischer am See Genezareth in Palästina mit Namen Simon.

Als Simon, Sohn des Jona, Jesus von Nazareth traf, erschütterte ihn diese Begegnung zutiefst und veränderte sein ganzes Leben. Sein Meister gab ihm den Namen Petrus, ernannte ihm zum Haupt der zwölf Apostel und übertrug ihm nach seiner Himmelfahrt die Leitung seiner Kirche.

Petrus war ein begeisterter Zeuge von Jesus Christus und widmete ihm, trotz mancher, auf seinem großmütigen und ungestümen Charakter beruhenden Widersprüchlichkeiten, sein ganzes Leben. Als Haupt der Apostel war er nach dem Tod, der Auferstehung und Himmelfahrt seines Meisters am Aufbau der Urkirche in Jerusalem beteiligt, um dann nach Antiochia zu gehen und schließlich, nach der Überlieferung in den Jahren zwischen 42 und 44 n. Chr., Rom zu erreichen.

Zu Beginn des ersten nachchristlichen Jahrhunderts war Rom die bedeutendste Stadt der Welt. Ihr Territorium, ihre politische und wirtschaftliche Macht erstreckten sich über alle zur damaligen Zeit bekannten Länder. Verglichen allerdings mit den großen Städten der Moderne war Rom kaum mehr als ein Dorf. Es erhob sich auf sieben, die Stadt einschließenden Hügeln, auf einem, im Verhältnis zur heutigen Ausdehnung der Stadt, sehr begrenzten Areal. Eine Erhebung interessiert hier in besonderer Weise, der vatikanische Hügel nämlich.

Mit dem Namen „Vatikan" wurde einst jener teils ebene, teils hügelige Bereich Roms bezeichnet, der außerhalb der Stadtmauern auf der anderen Tiberseite lag. Für eventuelle Ansiedlungen zu weit entfernt, wurde er als Begräbnisstätte genutzt. In der Kaiserzeit hingegen wurde dieses Stadtgebiet mit seinen zahlreichen Nutz- und Ziergärten zu einem privilegierten Wohnbereich mit berühmten, herrlich gelegenen Villen. Man denke etwa an die Villa von Agrippina, der Mutter von Caligula (37-41), an den Sitz der Domiten bzw. Neros (54-68). In dem riesigen Garten des mütterlichen Anwesens ließ Caligula eine große Arena anlegen für die Kämpfe zwischen Sklaven und Raubtieren. In den Jahren um 64 wurde dieser Zirkus zum Schauplatz der grausamen Christenverfolgungen durch Nero, zu dessen Opfern auch die Apostel Petrus und Paulus zählen sollten. Ein Schicksal, das sich höchstwahrscheinlich schon in einem Ereignis vom Juli desselben Jahres ankündigte. Es ist überliefert, mag aber auch Legende sein, daß Nero selbst das Feuer in der Stadt gelegt habe, und zwar, um den Christen die Schuld dafür zuzuschieben und eine unerbittliche Verfolgung gegen sie auszulösen.

Paulus wurde geköpft, Petrus hingegen gekreuzigt.

Nach der Darstellung antiker Schriftsteller wie Origenes (185-253/54) und des hl. Hieronymus (um 347-419/20) soll der Apostel in einer Geste der Demut gebeten haben, er möge mit dem Kopf nach unten gekreuzigt werden, da er nicht würdig sei, wie Jesus Christus zu sterben. Diese Legende ist nur eine der zahlreichen phantastischen Ge-

S. 10-11, die Kolonnaden von Bernini auf dem Petersplatz

Duccio di Buoninsegna, *Erscheinung am See Genezareth*, **Krönende Tafel auf der Rückseite der** *Maestà*, **Siena, Museo dell'Opera del Duomo**

Antonio Averulino, Filarete genannt, *Martyrium des hl. Petrus*, Tafel des bronzenen Hauptportals der Peterskirche

schichten, die sich um die Figur von Petrus ranken. Die mannigfaltigen Episoden, die sich während seines römischen Apostolats ereignet haben sollen und ihm traditionsgemäß zugeschrieben werden, die unglaublich starke Legendenbildung und die zahlreichen zu seinen Ehren errichteten Kirchen bezeugen die anhaltende und stetig wachsende Verehrung der Christen für diesen Märtyrer - nicht nur, weil Petrus als Stellvertreter Christi das Haupt der Kirche war, sondern auch weil, unter den Aposteln kaum eine menschlichere und liebenswürdigere Figur zu nennen wäre als dieser ehemalige Fischer aus dem galiläischen Betsaida. Jahrhundertelang war man der Überzeugung, daß das unter allen anderen Grabstätten der Umgebung deutlich hervorgehobene Grab auf dem vatikanischen Hügel, über welchem später eine eindrucksvolle Basilika errichtet werden sollte, die letzte Ruhestatt des Apostelfürsten sei. Doch die wenigen überlieferten Dokumente und ungesicherte literarische Quellen ließen im Laufe der Jahrhunderte starke Zweifel an diesem Glauben aufkommen. Erst in jüngster Vergangenheit, im Zeitraum nämlich zwischen 1940 und 1952, wurden auf Veranlassung von Papst Pius XII. (1939-1958) sorgfältige Grabungen in der vatikanischen Nekropole vorgenommen, die überraschende archäologische Zeugnisse zutage förderten, so daß es heute schwierig ist, begründete Zweifel an der Authentizität des Grabes zu hegen.

14 DIE PETERSKIRCHE

Von der Grabstätte zur ersten konstantinischen Basilika

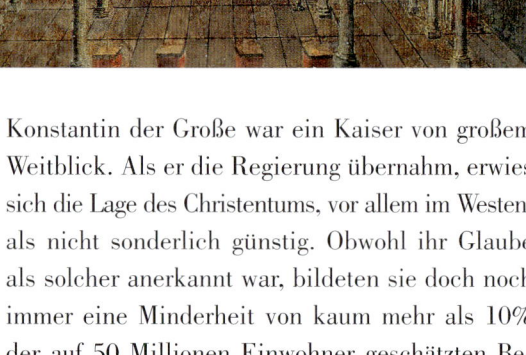

Die spätantiken Quellen sprechen von der Existenz einer kleinen Kapelle, die Papst Anaklet I. (76-88), der zweite Nachfolger Petri, um das Jahr 80 n. Chr. über dem schlichten Apostelgrab errichten ließ. Diese Kapelle wurde sogleich zu einem Ort tiefer Verehrung seitens der frühen Christen. Und genau hier sollte drei Jahrhunderte später, um das Jahr 320, auf Veranlassung von Konstantin dem Großen (280-337) und seiner Mutter Helena, die erste große Basilika entstehen. Papst Silvester I. (314-335), der, nach der Legende, Konstantin vom Aussatz geheilt und dadurch bekehrt haben soll, leitete persönlich die Bauarbeiten.

Mit Konstantin fanden die Christenverfolgungen ein Ende, und 313 n. Chr. wurde die Vorrangstellung der Kirche durch das Toleranzedikt von Mailand festgeschrieben.

Konstantin der Große war ein Kaiser von großem Weitblick. Als er die Regierung übernahm, erwies sich die Lage des Christentums, vor allem im Westen, als nicht sonderlich günstig. Obwohl ihr Glaube als solcher anerkannt war, bildeten sie doch noch immer eine Minderheit von kaum mehr als 10% der auf 50 Millionen Einwohner geschätzten Bevölkerung.

Die Vorurteile der Volksmassen und der gebildeten Klassen gegen die Christen waren nach wie vor lebendig.

Der Kaiser aber gab sich nicht geschlagen, vielmehr gelang es ihm, das Reich - ausgehend von

Domenico Tasselli, *Die Kirchenschiffe der alten konstantinischen Basilika.* Sakristei der Peterskirche.

Raffael, *Brand des Borgo,* Detail mit der Fassade der alten konstantinischen Basilika und der Benediktionsloggia. Vatikan, Stanzen Raffaels.

Giulio Romano und Francesco Penni, *Die Konstantinische Schenkung,* Detail mit des Altars von St. Peter und der Apsis der konstantinischen Basilika. Vatikan, Stanzen Raffaels

Giulio Romano und Francesco Penni, *Krönung Karls des Großen in der Peterskirche*, Detail. Vatikan, Stanzen Raffaels

der christlichen Ethik und Gerechtigkeit - unter einem einzigen Glauben zu vereinen, wobei er auch durchaus unpopuläre Maßnahmen traf, etwa den Bau einer großen und prächtigen Basilika zu Ehren des bescheidenen Grabes Petri.

Der Bau ging nicht ohne Schwierigkeiten vonstatten. Nach langen Aufschüttungsarbeiten am Abhang der Hügels für die Fundamentierung der Kirche wurde der erste Stein gelegt.

In den Stanzen Raffaels im Vatikan ist auf dem Fresko *Brand des Borgo* eine eindrucksvolle Darstellung der einstigen Fassade von Alt-St. Peter zu sehen, mit byzantinischen Mosaikdarstellungen der Figur Christi und der vier Evangelisten. Der Fassade mit ihren sechs großen Fenstern wurde in späterer Zeit, während des Pontifikats von Papst Symmachus (498-514), eine Vorhalle (das „Paradies"), d.h. ein vierseitiger, 56 m langer und 62 m breiter Portikus vorgeblendet. Die Basilika betrat man durch fünf Türen. Das Innere bestand aus einem fünfschiffigen, 118 m langen und 64 m breiten, rechteckigen Raum. Zwischen den Kirchenschiffen standen vier Reihen von jeweils 22 Säulen.

Innen und außen an den Wänden des Portikus befanden sich zahlreiche Grabmäler mit Dar-

Girolamo di Benvenuto, *Papst Gregor XI. kehrt aus Avignon nach Rom zurück.* **Siena, Società di Esecutori di Pie Disposizioni**

stellungen von Päpsten, Königen und Kaisern.
Im Inneren war die Basilika mit wertvollen Marmorarbeiten, Mosaiken, Wandteppichen und Edelsteinen von unschätzbarem Wert ausgeschmückt. Mit zahlreichen Eingriffen trugen die Päpste zur Verschönerung und Vollendung des Gotteshauses bei. Hochberühmte Künstler wie Giotto (1267-1337) und Pietro Cavallini (1240/50?) wurden mit der Ausmalung und den Mosaikarbeiten betraut.

Die Reichtümer dieser Kirche wurden im Laufe der Jahrhunderte allerdings nicht selten Beute von Plünderungen.
In der konstantinischen Basilika wurden 23 Kaiser gekrönt, und 1300 feierte man hier das erste Heilige Jahr der Christenheit. In der Mitte der Apsis sah man die kleine, nunmehr von Porphyrpfeilern umgebene Gedächtniskapelle Petri. Im 15. Jh., zu Zeiten von Papst Nikolaus V. (1447-1455), zeigte die Basilika trotz zahlreicher Restaurierungs- und Instandsetzungsarbeiten deutliche Abnutzungserscheinungen. Vor allem aber erwies sie sich seit der Rückkehr der Päpste aus ihrem Exil in Avignon als ungeeignet und unzureichend für die neuen liturgischen Erfordernisse. Der Papst trug sich von daher mit Plänen zum Umbau des spätantiken und frühchristlichen Gebäudes in eine Renaissancebasilika.

Fra Giovanni Angelico, *Der hl. Laurentius wird vom hl. Sixtus zum Diakon geweiht,* **Detail. Vatikan, Cappella Niccolina. Der hl. Sixtus trägt die Züge von Papst Nikolaus V.**

Silvester I., der Papst von Alt-St. Peter

Trotz seiner langen Amtszeit sind über Papst Silvester I. (314-335) nur wenige Nachrichten überliefert. In der Geschichtsschreibung steht er geradezu im Schatten Konstantins des Großen, des ersten christlichen Kaisers, eines starken, überaus regen Charakters. Konstantin beherrscht die historischen Darstellungen von Kaisertum und Kirche in der ersten Hälfte des 4. Jhs. n. Chr. in einem Maße, daß sich sogar das „Liber Pontificalis", die größte Sammlung von Papstbiographien, in der Beschreibung und Aufzählung der Bauwerke und Schenkungen des Kaisers ergeht, während dem Papst nur wenig Raum gewidmet ist. Silvester war es jedenfalls vorbehalten, den freudigen Moment mitzuerleben, als die Kirche endlich die Freiheit erlangte, ihren Glauben öffentlich praktizieren zu dürfen. Die großzügigen Zuwendungen Konstantins ermöglichten den Bau großer Basiliken wie San Giovanni in Laterano und der zugehörigen Taufkapelle, San Paolo fuori le Mura, vor allem aber der Peterskirche an den Hängen des vatikanischen Hügels, die direkt über der Grabstätte des Apostels errichtet wurde. Während des Pontifikats von Silvester I. erhielt Rom das Gepräge einer christlichen Stadt.

Eine Legende berichtet, Konstantin sei beim Baubeginn der Basilika persönlich zugegen gewesen: Er habe die Baugrube aus Ehrfurcht mit den Händen ausgehoben und zwölf Körbe voller Erde auf seinen Schultern getragen.

Im „Liber Pontificalis" ist zu lesen, daß der Kaiser eine Mauer um die Grabstätte des Apostels errichten ließ, um das Grab wie in einen Schrein einzuschließen. Auf dem Grab ließ er ein mehr als einhundertfünfzig Pfund wiegendes Kreuz aus purem Gold anbringen, das die Inschrift trug: „Constantinus Augustus und Helena Augusta erbauten diese königliche Kammer, umschlossen von der Basilika, die in entsprechendem Glanze erstrahlt". Die gleiche Quelle weiß auch von anderen Zuwendungen des Kaisers zu berichten und von Beisteuern, die aus allen Teilen der damals bekannten Welt nach Rom flossen, um das Grab und die Basilika des Apostels zu verschönern und zu ehren. Papst Silvester I. wurde bei seinem Tod auf dem Priscilla-Friedhof an der Via Salaria bestattet.

Anonymus des 13. Jhs., *Die Konstantinische Schenkung.* **Rom, Kirche Santi Quattro Coronati**

Die „neue" Peterskirche

Die Peterskirche in ihrer heutigen Erscheinung ist das Ergebnis mühevoller Instandsetzungen der alten konstantinischen Basilika, insbesondere aber der konzeptionellen Änderungen und Umbauarbeiten, die im Zeitraum von einhundertzwanzig Jahren zwischen 1506 bis 1626 unter der Ägide von insgesamt 18 Päpsten und 12 berühmten Architekten vonstatten gingen.

Das erste, von Papst Nikolaus V. veranlaßte Bauprojekt wurde den Architekten Leon Battista Alberti (1406-1472) und Bernardo Rossellino (1409-1464) anheimgestellt, kam aber nicht zur Ausführung, da der Papst schon bald starb. Seine Nachfolger beschränkten sich auf gelegentliche bauliche Eingriffe, vor allem im Vorfeld von Jubeljahren: Papst Pius II. (1458-1464) ließ das Ziborium auf dem Kreuzigungsaltar restaurieren, Papst Sixtus IV. (1471-1484) besorgte die Ausstattung des Ziboriums und Papst Alexander VI. (1492-1503) veranlaßte für das Heilige Jahr 1500 den Ausbau der Benediktionsloggia.

Die eigentlichen Bauarbeiten für die Basilika begannen erst unter Papst Julius II. (1503-1513), der Donato Bramante (1444-1514) als Architekten bestellte. Am 18. April des Jahres 1506 legte der Papst feierlich den ersten Stein der „neuen" Peterskirche, und zwar an einer der vier Stützen der heutigen Kuppel, dem sogenannten „Veronikapfeiler".

Papst Julius II. war ein Mann von großer Durchsetzungskraft, Entschiedenheit, Energie und Kühnheit.

Donato Bramante, der die aus der römischen Antike überlieferten Geheimnisse der Baukunst gründlich beherrschte, vereinigte in gelungener Weise die architektonischen Prinzipien des Pantheons mit den Gegebenheiten der konstantinischen Basilika. Er entwarf einen Kirchenbau auf dem Grundriß eines griechischen Kreuzes in einem großen Quadrat von 145 m Seitenlänge, bekrönt von einer riesigen Kuppel. Zweitausend Arbeiter begannen, das Gotteshaus, das „an Pracht und Reichtum jede andere Kirche der Welt überbieten sollte" (Bulle vom 19. 2. 1513) in pausenloser Arbeit hochzuziehen.

Der plötzliche Tod des Papstes im Jahre 1513 und Bramantes im Folgejahr 1514 brachten die Arbeiten an den vier kuppeltragenden Pfeilern zum Stillstand. Zu den Verdiensten von Papst Julius II.

Raffael, *Porträt von Papst Julius II.* Florenz, Uffizien

Giorgio Vasari, *Papst Paul III. leitet die Arbeiten an der Peterskirche.* Rom, Palazzo della Cancelleria

Fresko aus dem 16. Jh., das den Stand der Bauarbeiten zum Zeitpunkt des Todes von Michelangelo zeigt. Die Kuppel von St. Peter und die Benediktionsloggia sind noch unvollendet. Vatikan, Gemächer von Papst Julius III.

zählt, daß er große Künstler und Architekten unter seinen Schutz stellte und ermutigte. Dazu gehörten, neben Bramante, der junge Raffael (1483-1520) und insbesondere Michelangelo (1475-1564), den er mit der Deckenausmalung der Sixtinischen Kapelle und mit der Ausführung seines Grabdenkmals betraute. Die berühmte Moses-Statue, die sich heute in der Kirche San Pietro in Vincoli befindet, hätte eigentlich ein wesentlicher Bestandteil dieses Grabmals sein sollen.

Nach dem Tod Bramantes folgten in der Bauleitung mehrere Architekten aufeinander, zunächst Raffael, der den Entwurf Bramantes dahingehend veränderte, daß er als Grundriß ein lateinisches Kreuz, also ein gestreckteres Langhaus bevorzugte. Aber der Tod Raffaels und die Schäden, die der „Sacco di Roma" 1527 anrichtete, brachten die Arbeiten für gut sieben Jahre zum Erliegen. Sie wurden, wiederum nur kurzzeitig, auf Veranlassung Papst Pauls III. (1534-1549) von Antonio da Sangallo dem Jüngeren (1483-1546) wiederaufgegriffen,.

Die einschneidende Wende erfolgte erst 1547, als der damals schon 72 Jahre zählende Michelangelo Buonarroti mit der Bauleitung betraut wurde.
Da der Meister vom Papst völlige schöpferische Freiheit erhalten hatte, kehrte er zum Gedanken eines Gotteshauses über einem griechischen Kreuz zurück mit einer großen, dem Florentiner Dom Santa Maria del Fiore ähnelnden Mittelkuppel. Als er 1564 starb, waren die Arbeiten bis zur Höhe des Tambours fortgeschritten. Zur Vollendung der Kuppel berief Papst Sixtus V. (1585-1590) zwei Architekten, Giacomo della Porta (1533-1602) und Domenico Fontana (1543-1607), die das Werk in nur 22 Monaten unter Einsatz von 1600 Arbeitern zu Ende führten.

Die Architekten der Basilika: Donato Bramante

Der künstlerische Werdegang von Bramante (1444-1514) kann in zwei große Phasen unterteilt werden. Bis zum Jahre 1499 wirkte der Architekt in der Lombardei und vornehmlich in Mailand. Dann war er fünfzehn Jahre lang, also bis zu seinem Tode (1514), in Rom tätig. Seine ersten Werke sind gekennzeichnet von Versuchen, die sich an den großen Künstlern des 15. Jhs. wie Brunelleschi und Alberti orientierten und zugleich die Voraussetzungen schufen für eine neue Entwicklung der Renaissancearchitektur. Als Höhepunkt dieser Schaffensperiode ist der Entwurf der Kirche Santa Maria delle Grazie in Mailand anzusehen. Die genialen Lösungen, die der Meister hier zur Anwendung brachte, weisen voraus auf den großen Entwurf des reifen Künstlers, gemeint ist das Projekt für den Bau von Sankt Peter. Papst Julius II. wußte die Fähigkeiten Bramantes bis ins Letzte auszuschöpfen und ernannte ihn zum Generaloberintendanten sämtlicher päpstlicher Bauten. Bramante schuf zwei maßgebliche Bauentwürfe: das Verbindungsstück zwischen den vatikanischen Palästen und einer Villa von Papst Innozenz VIII. (1484-1492), die auf der Kuppe des vatikanischen Hügels errichtet worden war, und vor allem die Arbeiten an der neuen Basilika von St. Peter, die am 18. April 1506 ihren Anfang nahmen. Bramante war es nicht vergönnt, die Bauten vollendet zu sehen, ja beide sollten nach seinem Tode noch grundsätzliche Veränderungen erfahren, aber die Genialität und Großartigkeit seiner in Vorschlag gebrachten Pläne bildeten fortan die Grundlage für die Entwicklung und Orientierung der Renaissancearchitektur. Andere Künstler griffen das Erbe Bramantes auf und führten es weiter. Stellvertretend sei hier an Baldassare Peruzzi (1481-1536), Antonio da Sangallo den Jüngeren (1483-1546) und an Jacopo Sansovino (1486-1570) erinnert.

Lombardische Schule des 16. Jhs., *Porträt von Bramante*. Vatikanische Pinakothek

Der Künstler: Michelangelo Buonarroti

Domenico Cresti, Passignano genannt, *Michelangelo überreicht dem Papst das Modell der Peterskirche*, Detail. Florenz, Casa Buonarroti

Michelangelo, der Maler, Bildhauer, Architekt und Literat, wurde schon zu Lebzeiten als größte Begabung der modernen Kunst angesehen und mit den Meistern der Antike auf eine Stufe gestellt, ja ihnen sogar vorgezogen. Einige Umstände seines Lebens vermögen eine Erklärung für die Eigenart seiner Kunst zu geben. Michelangelo (1475-1564) war und blieb ein Sohn seiner Heimat, sprich der Toskana. Und er war Erbe ihrer monumentalen Kunsttradition (Giotto und Masaccio). Toskanisch geprägt waren seine Leidenschaft, Kühnheit, sein Stolz und seine gleichermaßen zurückhaltende wie aufrichtige Art.
. Eine wichtige Rolle im Leben Michelangelos spielten seine Gönner, vorbildliche und strenge Väter wie Papst Julius II. oder wohlgewogene Förderer wie Lorenzo de' Medici. Nur zwei seiner Freunde hatten spürbaren Einfluß auf ihn: Tommaso Cavalieri und Patrizio Romano. Vittoria Colonna, die zu einer der vornehmsten Familien Italiens gehörte, fungierte als geistige Führerin im Zuge seiner späten religiösen Bekehrung. Bedingt durch den riesigen Erfolg seiner Kunst, entstanden zwei einander entgegengesetzte Meinungen über Michelangelo: die Freunde und Verehrer erhoben ihn zum Mythos, die Gegner und Verleumder verbreiteten das Bild eines Menschenfeindes, eines finsteren, hochmütigen, geizigen, ja sogar ketzerischen Zeitgenossen. Bei der historisch-kritischen Veröffentlichung seiner Gedichte im Jahre 1863 und seiner Briefe im Jahre 1875 trat ganz deutlich das Gemüt eines edlen und großmütigen Mannes zutage. Der Künstler wäre gern in Florenz gestorben oder wollte dort zumindest bestattet werden. Hingegen starb er am 18. Februar 1564 in Rom und wurde gleich am folgenden Tag in der Kirche Santi Apostoli beigesetzt. Sein Neffe Leonardo ließ, dem Willen seines Onkels gemäß, den Leichnam heimlich entwenden und nach Florenz transportieren, wo er am 10. März eintraf und feierlich in der Kirche Santa Croce bestattet wurde. Noch heute ruhen seine sterblichen Überreste in dem von Vasari eigens entworfenen Grabdenkmal dieser Kirche.

Die Vollendung der Basilika

Cesare Nebbia und Giovanni Guerra, *Der Transport des Obelisken.* **Vatikan, Biblioteca Apostolica, Salone Sistino**

Cesare Nebbia, *Die Krönung von Papst Sixtus V. auf den Treppen von St. Peter.* **Vatikan, Biblioteca Apostolica, Salone Sistino**

Sixtus V. hat mehr als jeder andere Papst zur städtebaulichen Veränderung Roms beigetragen. In den nur fünf Jahren seines Pontifikats verlieh dieser Papst der Stadt durch eilends entworfene und ebenso rasch ausgeführte Projekte ein zukunftsweisend neues Gepräge: Rom wurde durch ihn zur ersten modernen Metropole Europas. Er regelte den Straßenverlauf neu, ließ den Lateran wiederherrichten, baute den Apostolischen Palast des Vatikans und den neuen Sitz der Apostolischen Bibliothek. Damit wären nur einige seiner baulichen Eingriffe genannt, die ihm von Seiten der Zeitgenossen und modernen Historiker großen Ruhm, aber auch herbe Kritik einbrachten, da er für viele seiner Unternehmungen Gebäude von historischer und künstlerischer Bedeutung niederreißen ließ.

Ein so emsiger und entscheidungsfreudiger Papst kam nicht umhin, auch die Arbeiten für die neue vatikanische Basilika mitzuprägen, die lange zuvor, 1451 nämlich, von Nikolaus V. begonnen, dann aber nie zu Ende geführt worden waren.

Sixtus V. beauftragte die Architekten Giacomo della Porta und Domenico Fontana mit der Ausführung der von Michelangelo entworfenen Kuppel, die am 21. Juni des Jahres 1590 fertiggestellt wurde, nur gut einen Monat bevor der Papst an Malaria verstarb (27. August). Dieser Kuppelbau, so besagt eine Bemerkung in den Anzeigen von Rom (1590), wurde „zum ewigen Ruhm Seiner Heiligkeit und zur Beschämung seiner Vorgänger erbaut".

Am 10. September 1586 hatte dieser Papst auf dem Petersplatz den Obelisken aufstellen lassen, der zusammen mit der Kuppel zu einem der be-

kanntesten Symbole der Peterskirche werden sollte. Unter dem Pontifikat von Paul V. (1605-1621) kamen die Bauarbeiten an der Basilika zum Abschluß. Der Name dieses Papstes und seine Abstammung von dem vornehmen und mächtigen Geschlecht der Borghese sind in großen Buchstaben auf der Fassade der Peterskirche zu lesen.

In mehrfacher Hinsicht ist Papst Paul V. als der wahre Vater der heutigen Basilika anzusehen.

Zu den Zeiten, da er gewählt wurde, war die Frage noch ungeklärt, ob sich der Kirchenbau nun über einem griechischen Kreuz erheben sollte, also als Zentralbau mit gleichlangen Schiffen, wie Bramante geplant hatte, oder als lateinisches Kreuz mit einem räumlich betonten Langhaus. Der neue Papst bevorzugte offenbar aus zwei Gründen die letztgenannte Lösung: Zum ersten sollte der Raum der konstantinischen Basilika, die ein lateinisches Kreuz beschrieben hatte, ganz ausgenutzt werden; zum zweiten bestand die liturgische Notwendigkeit eines ausgedehnteren Langschiffes. Die päpstlichen Meßfeiern wurden nun schon seit allzu langer Zeit von den unangemessenen räumlichen Bedingungen beeinträchtigt, in unmittelbarer Nähe nicht endender Bauarbeiten, von denen der Kirchenraum nur durch eine von Paul III. (1534-1549) aus Rücksicht auf den Gottesdienst errichtete provisorische Trennwand abgeschirmt wurde.

Der Architekt, der die Vorstellungen des Papstes praktisch umsetzte, war Carlo Maderno (1556-1629), der die heutigen Ausmaße der Basilika festschrieb und sie mit der gewaltigen, eindrucksvollen Hauptfassade zum Abschluß brachte. Papst Paul V. starb am 28. Juni des Jahres 1621 und wurde in der Borghese-Kapelle der Kirche Santa

Auf der nebenstehenden Seite: Fresko aus dem 17. Jh. Es zeigt die Peterskirche mit der Fassade von Maderno und der Kuppel von Michelangelo. Vatikan, Gemächer von Papst Julius III. Unten, der 1613 ausgeführte Brunnen von Carlo Maderno für Papst Paul V.

Maria Maggiore beigesetzt.

Ein einziges Werk, nämlich die Fassade der Peterskirche, genügt, um dem Namen von Carlo Maderno Geltung zu verschaffen. Zu jener Zeit gab es keine regulären Universitätsabschlüsse in Architektur. Die Ausbildung vollzog sich vielmehr in den Werkstätten großer Meister, von daher konnte auch die Lehre Madernos kaum anders verlaufen. Er wurde von seinem Onkel, dem nicht minder berühmten Domenico Fontana, aus dem heimatlichen Tessin nach Rom gerufen, wo er sich wirklich von unten heraufarbeitete, indem er zunächst als Steinmetz und Stukkateur begann.

Seine Beobachtungsgabe und das Beispiel eines Meisters von großem Format, vereint mit offenkundigem persönlichem Talent ließen ihn selbst zum Meister, ja zur Schlüsselfigur im Erneuerungsprozeß der Baukunst werden, so daß er mit seinem Entwurf für die Fertigstellung von St. Peter die Aufmerksamkeit von Papst Paul V. auf sich zog. Von 1607 bis 1612 setzte Maderno seine Projekte ins Werk, die sowohl den alten Plan Bramantes als auch den Entwurf Michelangelos in Frage stellten. Natürlich mußte er den Ideen der ihm vorangegangenen Meister große Zugeständnisse machen, um sie nicht völlig ad absurdum zu führen. Dies allerdings brachte Lösungen hervor, die durchaus Schwächen aufweisen. Die jetzige Fassade beispielsweise entfaltet sich zwar in der Horizontalen, verstellt aber trotzdem den Blick auf die außerordentliche, schlank-geschwungene Kuppel Michelangelos.

Maderno und den von ihm durchdachten architektonischen Lösungen kann allerdings das Verdienst zugesprochen werden, die riesige Gebäudemasse im Einklang mit dem Vorplatz gegliedert zu haben. Er schuf damit die Voraussetzung für Berninis (1598-1680) städtebaulichen Entwurf des großen, von den berühmten Kolonnaden umrahmten Petersplatzes. Nunmehr fehlte wenig zur erhabenen Erscheinung der Peterskirche von heute.

Zwei Päpste führten das Bauwerk zur Vollendung: Urban VIII. (1623-1644) und Alexander VII. (1655-1667).

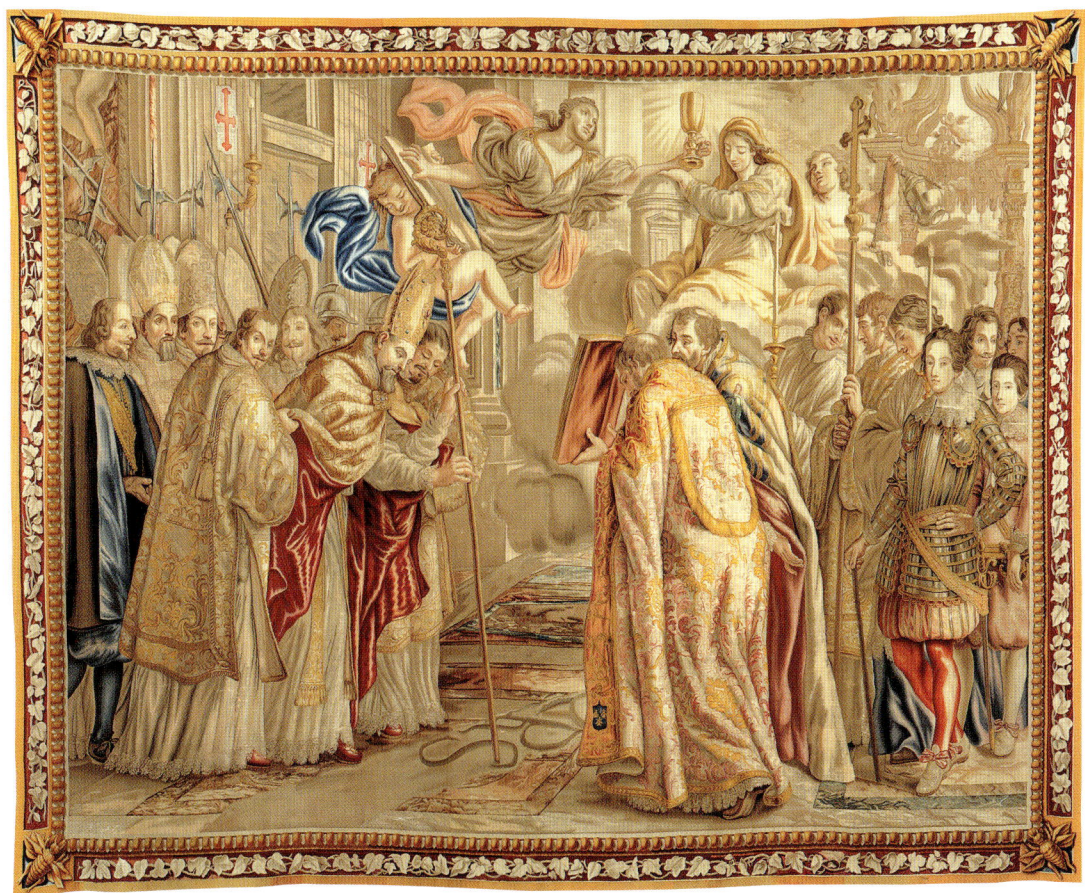

Barberini-Werkstätten des 17. Jhs., *Papst Urban VIII. weiht die Peterskirche ein*, Vatikan, Galleria degli Arazzi

Giovanni Paolo Pannini, *Karl III. an der Peterskirche*. Neapel, Museo Nazionale di Capodimonte

Viele wichtige Kapitel der Kirchengeschichte wurden von Urban VIII. nachhaltig vorangetrieben. Man denke nur an sein Engagement für die Inkraftsetzung der Richtlinien des Konzils von Trient, vor allem an die Impulse, die er dem Missionswesen zuteil werden ließ. Aber sein seelsorgerisches und politisches Wirken hatte auch zahlreiche Schattenseiten, beispielsweise die Verschärfung des Nepotismus, der Verwandten und Freunden des Papstes Ämter und Befugnisse vorbehielt, die den Betreffenden häufig nicht angemessen waren. Urban VIII. war ein Liebhaber von Prunk und Pracht, aber auch ein vorzüglicher Kunstkenner und großzügiger Mäzen. Als solcher bemühte er sich darum, Rom, den Sitz des Papsttums, als Haupt der Welt erscheinen zu lassen. Besonders viel an der Verschönerung der Peterskirche, die er am 18. November 1626 einweihte.

In Gian Lorenzo Bernini, den er trotz seiner Jugend hochschätzte, fand er einen aufmerksamen und wertvollen Mitarbeiter, der - stets unter großer päpstlicher Anteilnahme - die jeweiligen Entwürfe in die Tat umsetzte.

Papst Urban VIII. gab bei Bernini sowohl den prächtigen und berühmten Baldachin über dem päpstlichen Altar in Auftrag, als auch sein Grabdenkmal, das nach seiner Vollendung in der Apsis aufgestellt und sogleich als Meisterwerk gefeiert wurde: Es avancierte zum Vorbild der meisten im 17. Jh. geschaffenen Grabmonumente. Hier wurde der Papst bei seinem Tod am 29. Juli 1644 bestattet. Bernini stellte Urban VIII. auch in einer überaus berühmten Bronzebüste dar. Dieses Werk von großer Ausdruckskraft läßt die Hochachtung verspüren, die der Künstler dem Papst, der ihn entdeckte und förderte, entgegenbrachten. Einem anderen Papst, nämlich Alexander VII., dem letzten ideellen Vater der Peterskirche, verdankte Bernini den Auftrag der Gestaltung des Petersplatzes

Die Päpste der Basilika: Alexander VII.

Gian Lorenzo Bernini, *Grabmal von Papst Alexander VII.*, Peterskirche

Denkmünze des Pontifikats von Alexander VII. mit dem Entwurf Berninis für den Petersplatz. Vatikan, Biblioteca Apostolica

Ihm standen hochrangige Künstler wie Francesco Borromini (1599-1667) und Pietro da Cortona (1596-1669) zur Seite, vor allem aber Gian Lorenzo Bernini, der für ihn den Altaraufbau mit der Cathedra Petri und die berühmtesten Kolonnaden der Welt auf dem Petersplatz ersann. Fast ein Jahr angeregter Debatten ging ins Land, um alle Einwände und Schwierigkeiten zu überwinden, schließlich aber entschied sich der Papst unter den vielen Vorschlägen für die heutige Platzgestaltung Berninis. Alexander VII. schrieb am 20. Mai 1657 mit der ihm eigenen Gewissenhaftigkeit in sein Tagebuch: „Der Cavaliere Bernini präsentiert den Grund- und Aufriß des Säulengangs von St. Peter, und so werden wir es machen".

Gian Lorenzo Bernini, der schon das Grabdenkmal für Papst Urban VIII. entworfen hatte, war auch der Urheber des Monuments für Alexander VII., der am 22. Mai des Jahres 1667 verstarb, als die Arbeiten an den Kolonnaden ihrer Vollendung entgegengingen.

Papst Alexander VII. (1655-1667) war ein systematischer und gewissenhafter Mann, der hingebungsvoll und genau all dies zu Papier brachte, was ihn gedanklich beschäftigte. Dies zeigt sich an seinem überlieferten Tagebuch.
Abgesehen von persönlichen Betrachtungen findet man in dieser Handschrift Listen von Bauprojekten für die Stadt Rom, die, den Bestrebungen seines Vorgängers Papst Urban VIII. entsprechend, als „Civitas" par excellence der katholischen Welt in Erscheinung treten sollte. In diesem Bestreben wirkte der Papst nicht nur als Initiator und Förderer sondern entwickelte auch eigene Ideen und technische Lösungsvorschläge.

Der Künstler: Gian Lorenzo Bernini

Gian Lorenzo Bernini, *Selbstbildnis.* **Florenz, Uffizien**

Bernini (1598-1680), der ein halbes Jahrhundert lang die römische Kunst mitprägte, ist gewiß die schillerndste und genialste Künstlerpersönlichkeit des Barock. Mehr als jeder andere große Meister des 17. Jhs. hat er durch zahlreiche Eingriffe zum neuen Gesicht Roms beigetragen, wobei der Petersplatz das bedeutendste Zentrum der Stadt wurde. Dabei wirkte er allerdings nicht revolutionierend, sondern als Vermittler in einer spannungsreichen Atmosphäre. An der Peterskirche hinterließ uns Bernini seine kühnsten Bauentwürfe und plastischen Werke. Er stand ihm Dienst von nicht weniger als sieben Päpsten, von Paul V. bis zu Innozenz XI. (1676-1689). Vor allem Urban VIII. und Alexander VII. übertrugen ihm viele Aufträge: Urban VIII. betraute ihn mit seinem Grabdenkmal, an welchem Bernini nahezu zwanzig Jahre arbeitete, während ihm Papst Alexander VII. die Platzgestaltung anheimstellte. Für den Entwurf des Petersplatzes sah sich der Künstler zahlreicher Schwierigkeiten gegenüber, die es zu überwinden galt: In erster Linie sollten die bereits bestehenden Bauwerke bewahrt und der Blick auf die Apostolischen Paläste nicht über Gebühr verstellt werden. Überdies bestand die Notwendigkeit, die deutlich wahrnehmbaren Unzulänglichkeiten in der symmetrischen Anordnung des Baukörpers der Kirche, ihrer Fassade und des Obelisken zu kaschieren. Das Ergebnis haben wir alle vor Augen: ein ausgedehnter Platz, der durch den lebhaften Schwung seiner Anlage von der allzusehr dominierenden Horizontale der Fassade ablenkt und seine allegorische Bedeutung mit der einladenden Geste der beiden Kolonnadenflügel deutlich zu verstehen gibt. Bernini zeigte mit diesem Werk, daß er die Kunst auf das Engste mit den religiösen Idealen zu verbinden vermochte. Seine künstlerische Tätigkeit war aber nicht nur auf den Entwurf der Kolonnaden beschränkt; sie erstreckte sich auch auf die Verschönerung des Kircheninnenraums. Er verstarb im November des Jahres 1680.

Die heutige Basilika

Die stattliche Hauptfassade des Petersdoms von Carlo Maderno aus den Jahren 1607-1614

Auf der nebenstehenden Seite: Detail der Kolonnaden Berninis auf dem Petersplatz

Von dem ersten Spatenstich für die neue Basilika zu Zeiten von Nikolaus V. bis zur Fertigstellung des Gebäudes sollten 168 Jahre vergehen, in denen 26 Päpste den Thron Petri bestiegen. Für die Erbauung dieses Gotteshauses waren Tausende von Menschen am Werke, zeitweise sogar Tag und Nacht. Aus den päpstlichen Eintragungsbüchern geht hervor, daß allein für die Entstehung der vier Pfeiler, auf welchen die große Kuppel ruht, insgesamt 70653 Dukaten ausgegeben wurden, zu jener Zeit eine wirklich riesige Summe. Die größten Architekten der Renaissance waren mit Entwürfen und ihrer Durchführung betraut. Papst Paul V. weihte sie am 12. April 1615.

Von der Apsistür aus gemessen ist die Basilika 186,86 m lang und 140 m breit, und ist damit noch heute die größte Kirche der Welt. Der Obelisk auf dem Petersplatz wurde am 10. September 1586 errichtet. Für den Bau der berühmten Platzkolonnaden von Gian Lorenzo Bernini mußten weitere Jahre vergehen.

Heute bedeckt die Basilika eine Fläche von 25616 m2. Sie besitzt 44 Altäre und 11 Kuppeln, 778 Säulen, 395 Statuen und 135 Gemälde bzw. Mosaike. Nachdem wir den Gang der Geschichte von dem bescheidenen Grab des hl. Petrus bis hin zum Bau der großen Basilika verfolgt haben, treten wir nun wie Pilger auf den Petersplatz und werden von den breiten Armen seiner Kolonnaden umfangen.

In diesem Buch soll nicht die gesamte Basilika in allen Einzelheiten beschrieben werden. Vielmehr geht es darum, sich von den Dingen beeindrucken zu lassen, die zuerst ins Auge fallen und die wir als Zeichen des Glaubens erkennen, also des Bindemittels, das die Peterskirche seit Jahrhunderten festigt.

S. 28-33,
Ansichten der
Basilika mit dem
Petersplatz und
den Vatikanischen
Palästen

Die Kuppel von Michelangelo; im Vordergrund die Statuen über dem Architrav der Kolonnaden

Auf der nebenstehenden Seite: Baudetails der Basilika

DIE PETERSKIRCHE

Reizvoller Blick auf den Obelisken, die Kolonnaden und den Palazzo Apostolico, derzeitiger Sitz des Papstes

Auf der nebenstehenden Seite: die von Michelangelo entworfene Apsis

Der Petersplatz ist nicht nur von den Kolonnaden sondern auch von dem mächtigen Obelisken geprägt, der sich in seiner Mitte erhebt.

Dieser ursprünglich aus dem ägyptischen Heliopolis stammende Obelisk, welcher zunächst in der Nähe von Alt-St. Peter, ganz in der Nähe des Circus Neronis, Aufstellung gefunden hatte, wurde zu Zeiten von Papst Sixtus V. an seinen heutigen Standort transportiert.

Diese schwierige Operation, die unter der Leitung des Architekten Domenico Fontana durchgeführt wurde, nahm vier Monate in Anspruch und bedurfte des Einsatzes von 907 Männern, 75 Pferden und 40 Winden. Im Umfeld der Basilika mußten sogar einige Häuser dafür abgerissen werden.

Der große Monolith aus rotem Granit, der auf einer 8,5 m hohen Basis ruht, mißt 25,31 m und weist als einziger in Rom keine Hieroglyphen auf. Der Obelisk ist auch eine Sonnenuhr: Der Astronom L. F. Gilij ließ im Jahre 1817 Meridian und Windrose in die weißen Marmorscheiben des Platzes einprägen und benutzte den Obelisken als Schattenstab.

Die Vorhalle der Peterskirche

Auf der nebenstehenden Seite: Die Stuckverzierung des Vorhallen-Gewölbes

Antonio Averulino, Filarete genannt, bronzenes Hauptportal und (links als Detail) der hl. Petrus, welcher dem knienden Papst Eugen IV. die Schlüssel überreicht

Die Vorhalle von St. Peter mit den fünf Türen

In den spätantiken Basiliken hatte der Bau einer Vorhalle nicht nur praktische Gründe sondern auch eine ganz bestimmte liturgische Bedeutung. Hier vollzog sich der Übergang von dem alltäglichen Leben mit all seinen Pflichten in die Welt des Gebets und der Kontemplation.

Die gilt auch für die Vorhalle der Peterskirche. Kennzeichnend sind vor allem die fünf Türen, durch welche der Besucher in die Basilika tritt, zur Rückbesinnung auf die fünf Kirchenschiffe von Alt-St. Peter.

Die mittlere Tür ist die älteste. Die heilige Tür hingegen, auch „Jubeltor" genannt, wird nur während der Jubeljahre geöffnet. Die restlichen drei wurden erst in jüngster Zeit, d. h. im Rahmen einer internationalen Ausschreibung des zwanzigsten Jahrhunderts, ausgeführt und mit bronzenen Türflügeln versehen.

Giacomo Manzù, „Porta della Morte" (Tür des Todes), Detail

Das bronzene Hauptportal in der Mitte stammt von der Hand des toskanischen Künstlers Antonio Averulino, Filarete genannt (1400-1479), und wurde 1445 fertiggestellt, ein Datum, das auf den Türflügeln ablesbar ist.

Die elegante und prächtige Darstellung kommt einem Hymnus auf Christus, die Jungfrau Maria und die Apostel Petrus und Paulus gleich. Das ikonographische Programm zeugt von dem Bestreben, das ökumenische, politische und religiöse Primat der römischen Kirche, welches durch das Opfer der Apostel und Märtyrer bekräftigt wird, mit Nachdruck festzuschreiben. Dieser eindeutig didaktische Ansatz entsprach dem Interesse von Eugen IV. (1431-1447), das päpstliche Engagement zur Beilegung der Auseinandersetzungen mit der Ostkirche zu unterstreichen.

Die erste Tür zur Linken entstand auf Initiative von Papst Johannes XXIII. (1958-1963), der seinen Landsmann Giacomo Manzù (1908-1991) mit der Gestaltung betraute. Die Tür wird „Porta della Morte" (Tür des Todes) genannt, weil auf den beiden großen Flügeln der heldenhaften Tod von biblischen Gestalten und Heiligen dargestellt ist. Nach einem alten Brauch wird diese Tür am Tag der Bestattung eines Papstes geöffnet, um den Trauerzug passieren zu lassen, der den Leichnam in die Kirche geleitet.

Die zweite Tür stammt von Venanzo Crocetti (1913-?). Wegen der bildlichen Darstellungen auf den bronzenen Türflügeln, die in erster Linie den heiligen Sakramenten gewidmet sind, wird sie auch „Porta dei Sacramenti" (Sakramententür) genannt.

Die von Nagni und Monteleone geschaffene Tür hingegen wird „Porta del Bene e del Male" (Tür des Guten und des Schlechten) genannt. Sie wurde am 26. September 1977, anläßlich des achtzigsten Geburtstags von Papst Paul VI., eingeweiht. Ikonographisch ist auf den beiden Türflügeln dialektisch Gutes und Böses gegenübergestellt, wobei die Themen sowohl der christlichen Mythologie als auch der Glaubensgeschichte entnommen sind. Die gesamte Tür ist von einer Dramatik durchdrungen, welche die Motive zersetzt, ja fast gewaltsam verformt.

Der Innenraum der Basilika

Giovanni Paolo Pannini, *Innenansicht von St. Peter.* Paris, Louvre. Unten: **Kuppelgewölbe mit Mosaiken (16. Jhs.)**

Wenn man die Peterskirche betritt, so wird man zunächst geblendet, ja gleichsam überwältigt von der Großartigkeit dieser Kirche. Dies aber ist nur ein momentaner Eindruck, weil sich der Besucher durch die Unermeßlichkeit seiner Umgebung nach und

Ansicht des Mittelschiffs von der Kuppel aus

S. 42-43, der Innenraum der Basilika

Die gemeinhin Arnolfo di Cambio zugeschriebene Bronzestatue des *Hl. Petrus*. Unten, dieselbe mit feierlichen Paramenten in Festtagsschmuck gehüllt

nach als Teil eines größeren Ganzen empfindet und dadurch in einen Zustand reinster Kontemplation versinkt.

Das Gebäude, ein Werk erhabenster Kunst zahlreicher Meister, zeugt von dem ewigen Glauben der auf Christus gründenden Kirche und schildert den Ruhm, die Kraft, die Macht und Schönheit Gottes, der hier gegenwärtig ist und alle aufnimmt, die an ihn glauben.

Petrus, der Apostel und erste Papst, ist ein getreuer Zeuge des Mensch gewordenen Gottes. Seine Bronzestatue ist das Ziel von Millionen Pilgern, die aus allen Teilen der Welt herbeiströmen, um den Heiligen zu verehren und an seinem Grab zu beten. Der rechte Fuß der Figur ist mittlerweile von den Küssen der Gläubigen stark ab-

genutzt, eine Andachtsgeste, die bis in die heutigen Tage überlebt hat.

Die Statue wird Arnolfo di Cambio (1245-1302) zugeschrieben und zeigt Petrus sitzend in segnender Haltung. In seiner Linken hält er die Schlüssel als Sinnbild der von Jesus Christus zuerteilten Macht, über die Kirche zu herrschen.

Anläßlich des Peterstages wird die Figur alljährlich am 29. Juni mit heiligen Paramenten eingekleidet und mit der Tiara gekrönt, der traditionellen Kopfbedeckung der Päpste, von welcher Paul VI. (1963-1978) Abstand nahm, um darauf hinzuweisen, daß er das Papsttum nicht als Machtposition sondern als Dienst an der Kirche auffaßte.

Der Blick des Besuchers, der die Peterskirche betritt, fällt zwangsläufig auf den Papstaltar (auch Confessio-Altar) in der Kirchenmitte, über dem sich der berühmte Baldachin erhebt.

Auf der nebenstehenden Seite: das Tonnengewölbe des Mittelschiffs

Die *Pietà* von Michelangelo

Bevor man sich der Kuppelvierung zuwendet, lohnt es sich, vor der ersten Kapelle zur Rechten stehenzubleiben.

Eine Marmorgruppe, die gewiß jeder schon einmal gesehen hat, zieht hier die Aufmerksamkeit auf sich. Es handelt sich um die erste und die einzige vollendete *Pietà* Michelangelos, der insgesamt vier Gruppen dieser Art schuf. Im Unterschied zu allen anderen Werken des Meisters trägt sie seinen Namenszug.

Michelangelo war damals erst 24 Jahre alt. Offenbar war das Werk, als es der Öffentlichkeit übergeben wurde, von einigen Besuchern einem anderen Künstler zugeschrieben worden, jedenfalls nicht dem noch nahezu unbekannten jungen Bildhauer. Es wird erzählt, Michelangelo habe sich daraufhin heimlich des Nachts in der Basilika einschließen lassen, um seinen Namen auf den Schulterriemen der Madonna einzumeißeln.

Die Originalität dieses Werks ist augenfällig. Andere Künstler hatten die Jungfrau Maria mit dem toten Christus auf dem Schoß häufig schmerzerfüllt und verzweifelt dargestellt. Michelangelo hingegen vermittelt hier ein anderes Bild menschlichen Leidens: das himmlische Antlitz der Muttergottes, die den leblosen Körper Jesu in ihren Armen hält, verströmt eine Milde ohnegleichen, in seelenruhiger und gefaßter Hinnahme des Schmerzes. Als Michelangelo vorgeworfen wurde, er habe die Jungfrau Maria zu jung dargestellt, da sie doch beim Tode Jesu mindestens 45 oder 50 Jahre alt gewesen sein dürfte, soll er geantwortet haben, dies sei mit Absicht geschehen, weil die Zeit das Gesicht der Jungfrau Maria, als Sinnbild ewiger Jugend, nicht zu zerstören vermochte.

Die Marmorgruppe wird heute von einer kugelsicheren Glasscheibe abgeschirmt, nachdem ein Geisteskranker 1972 dem Kunstwerk zahlreiche Hammerschläge versetzt und dabei Teile der Nase und einen Finger Marias beschädigt hatte.

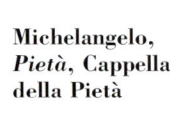

Michelangelo, *Pietà*, Cappella della Pietà

Das Grabmal des Apostels Petrus

Den ideellen Mittelpunkt der Peterskirche, der schon Millionen von Pilgern angezogen hat, bildet das Grab des Apostelfürsten.

Über dieser einfachen Begräbnisstätte, zum welchem man über zwei halbkreisförmige, von 99 brennenden Öllampen gerahmte Rampen hinabsteigt, wurden die beiden Basiliken errichtet, als kostbare Schreine, die den Körper dessen umhüllen, dem Christus seine Kirche anvertraute. Die Worte „*Tu es Petrus et super hanc petram aedificabo ecclesiam meam et tibi dabo claves regni caelorum*" ("Du bist Petrus, und auf diesen Felsen werde ich meine Kirche bauen.... Ich werde dir die Schlüssel des Himmelreichs geben"; Matthäus, 16,18-19), welche man auf dem Band am Kuppelfuß lesen kann, belegen den Willen des Heilands, seiner Gegenwart inmitten der Gemeinde der Gläubigen durch Petrus und seine Nachfolger sichtbare Kontinuität zu verleihen. In der Mitte der Grabstätte sieht man eine reich verzierte Nische mit einem Silbergefäß, in dem die Pallien aufbewahrt sind: weiße Schulterbinden aus Lammwolle, welche der Papst den Patriarchen und Erzbischöfen verleiht, um die Idee von Christus als Gutem Hirten, den die Bischöfe in ihren Gemeinden vertreten sollen, lebendig zu halten.

Die ewigen Lichter, welche das Grabmal Petri beleuchten, und die Figur von *Papst Pius VI. im Gebet*, ein Werk von Canova, das von Adamo Tadolini vollendet wurde

Nische mit den Pallien unter dem Confessio-Altar

Der Papstaltar und der Baldachin von Bernini

Über dem Grabmal Petri, dem Zeichen seines Martyriums, also des Bekenntnisses („Confessio") zu seinem Glauben, dem er bis in den Tod treu blieb, befindet sich der Papst- oder Confessio-Altar, an welchem der Papst normalerweise die Meßfeiern abhält.

Der Altar wurde aus einem weißen Marmorblock gewonnen und von Papst Klemens VIII. (1592-1605) geweiht. Seine räumliche Nähe zur Grabstätte des hl. Petrus zeigt an, daß die Meßfeiern in einer Kontinuität stehen, die über den Apostelfürsten bis auf Christus zurückreicht. Über diesem Altar erhebt sich der berühmte Baldachin, den der damals noch sehr junge Bernini für Papst Urban VIII. in zehn langen Jahren intensiver Arbeit schuf. Mit Recht gilt er als ein Sinnbild der Peterskirche und als eines der bedeutendsten Werke des Barock.

Für die Fertigung dieses mächtigen Bronzemonuments, das von seiner Basis bis zur Spitze des Kreuzes, mit dem es oben abschließt, insgesamt 29 m mißt, mußte der Papst ein Zehntel der Kircheneinkünfte ausgeben und die bronzenen Tragwerkverkleidungen am Säulenportikus des Pantheon einschmelzen.

Dieses Unternehmen erregte Unmut in der römischen Bevölkerung, welche daraufhin ein Sprichwort in Umlauf setzte, wonach der Barberini-Papst als barbarischer hingestellt wurde als die Barbaren selbst: „*Quod non fecerunt barberi, fecerunt Barberini*". Die Arbeiten am größten bekannten Bronzewerk waren 1633 abgeschlossen.

Getragen von vier gewundenen Säulen, die mit spiralartig rankenden Oliven- und Lorbeerzweigen verziert sind, spannt sich der große Stoffhimmel über den Altar. Seine geschwungenen Säume erwecken den Eindruck von so großer Leichtigkeit, daß man meint, sie bewegten sich im Winde.

Für den Entwurf der Säulen hatte sich Bernini von den acht, heute an den Reliquienbalkonen befindlichen ›konstantinischen‹ Weinrankensäulen inspirieren lassen, die einst den Hauptaltar von Alt-St. Peter schmückten und die er selbst ihrer neuen Bestimmung zugeführt hatte. Diese Säulen sollen, so heißt es, aus Griechenland stammen oder sogar aus dem Tempel Salomons in Jerusalem.

Der Baldachin, der den Altar und das Grab des hl. Petrus überdacht, legt die Idee eines bewahrenden, schützenden Zeltes nahe, das die Kostbarkeit des Gesamtkomplexes hervorhebt. Zugleich aber handelt es sich hier um einen deutlichen Hinweis auf den Prolog des Johannes-Evangeliums, wo gesagt wird, daß das Wort Gottes Fleisch geworden sei und unter den Menschen gewohnt habe (ebd. 1,14).

Die Reliquienbalkone

In den vier Pfeilern, welche die Kuppel der Peterskirche stützen, wurden auf Initiative von Papst

Der monumentale Bronzebaldachin von Bernini

Gian Lorenzo Bernini, *Der hl. Longinus*

Urban VIII. vier von einem Baldachin überfangene Räume eingerichtet, die sich jeweils auf einen Balkon hin öffnen.

Jeder dieser Räume sollte eine berühmte Reliquie der Passion Christi beherbergen. In den Nischen, die unterhalb davon aus der Basis der Pilaster ausgespart wurden, stellte man vier Heiligenstatuen auf (Veronika, Helena, Longinus und den Apostel Andreas), die jeweils das Emblem der Reliquien bei sich tragen, welche in den darüberliegenden Räumen wohlbehütet ruhen.

Die Cappella Tedesca in den „Neuen Grotten"

Auf der nebenstehender Seite: Gian Lorenzo Bernini, Die *Cathedra Petri* und, weiter unten, Detail der Statue des *Hl. Augustinus*

Der Entwurf und die Ausführung der Balkone und Nischen gehen wiederum auf Bernini zurück, der überdies die Statue des *Hl. Longinus* schuf – gewiß das schönste der vier von unterschiedlichen Künstlern angefertigten plastischen Werke. Longinus war der Soldat, der – nach dem Evangelisten Johannes (ebd. 19,34) – Jesus mit einer Lanze in die Seite stieß, dann aber bekehrt wurde und selbst als Märtyrer starb.

Die Reliquie dieser Lanze erhielt Papst Innozenz VIII. (1484-1492) im Jahre 1492 als persönliches Geschenk von Sultan Beyazit II., dem Sohn Mohammeds I.

Die Lanze des hl. Longinus, das Schweißtuch der hl. Veronika und ein Splitter vom Kreuze Christi, das die Mutter Konstantins des Großen, die hl. Helena, nach einer alten Überlieferung persönlich in Jerusalem nahe des Kalvarienbergs gefunden haben soll, konnten vor allem während der Heiligen Jahre von den Pilgern bewundert und verehrt werden.

Die vatikanischen Grotten

Vom Longinuspfeiler aus erreicht man über einige Stufen die vatikanischen Grotten, einen ausgedehnten unterirdischen Raum, der zu Zeiten der Päpste Gregor XIII. (1572-1585) und Klemens VIII. ausgebaut wurde. Die Grotten stammen aus der Entstehungszeit der neuen Peterskirche. Das Bodenniveau des Neubaus wurde damals gegenüber der konstantinischen Basilika um rund zwei Meter angehoben. In dem dadurch gewonnenen Raum zwischen den beiden Kirchen fanden Grabdenkmäler, Skulpturen und Mosaike der alten Basilika eine neue Unterbringung.

Der Raum besteht in der Hauptsache aus zwei Teilen: den sogenannten „alten Grotten", einem dreischiffigen Bereich mit Kreuzgewölbe, in welchem sich zahlreiche päpstliche Grabmonumente befinden, und die „neue Grotten", die halbkreisförmig um das Grab Petri herumführen, mit verschiedenen, strahlenförmig angeordneten Seitenkapellen, in denen heute die letzten Päpste bestattet sind. Von den vatikanischen Grotten gelangt man weiter hinunter zur vorkonstantinischen Nekropole (2./3. Jh. n. Chr.), die aber nur mit Sondergenehmigung besichtigt werden kann.

Die Cathedra Petri

An der Rückwand des Chores befindet sich ein Altar, über dem sich das Behältnis der Cathedra Petri erhebt, ein Komplex, den Bernini in den Jahren zwischen 1658 und 1666 schuf. Der Ehrensitz der Bischöfe und vor allem des Papstes wird gemeinhin als

"Cathedra" bezeichnet, um den Lehrauftrag zu unterstreichen, der dem bischöflichen Amt und insbesondere der Papstwürde eigen ist.

Nach einer Legende soll sich in diesem erhabenen Behältnis der bischöfliche Ehrensitz des hl. Petrus befinden - ein Stuhl, auf dem der vom Alter geschwächte Apostel gesessen haben soll, als er die Christen unterwies. In Wirklichkeit befindet sich darin ein mit fein geschnitzten Elfenbeinplättchen verzierter Holzthron, den der karolingische Kaiser Karl der Kahle (823-877) dem Papst anläßlich seiner 875 in Rom erfolgten Krönung zum Geschenk gemacht hat.

Das von Bernini in Bronze gegossene Behältnis ist also gleichsam ein großes Reliquiar in Gestalt eines Thrones, das von vier Kirchenlehrern getragen wird: zwei Vertretern der Ostkirche, nämlich Athanasius und Chrysostomus, und zwei Kirchenlehrern der römischen Kirche, und zwar Ambrosius und Augustinus.

Seit alters her nennt die Kirche jene Männer, die in maßgeblicher Weise zur Vertiefung der Offenbarungsbotschaft beigetragen haben, „doctores ecclesiae" oder Kirchenlehrer.

Bernini ordnete sie zu Füßen der Cathedra an, fast so, als ob sie dieselbe stützten, womit er ihrer maßgeblichen Bedeutung für das autoritative Lehramt des Papsttums Nachdruck verlieh. Der darüber sich erhebende Strahlenkranz, in dessen Mitte Bernini eine weiße Taube als Sinnbild des Heiligen Geistes, des dritten Elements der Dreifaltigkeit, anbrachte, erinnert daran, daß der Papst in seiner Rolle als Lehrer der ganzen Kirche Erleuchtung und Eingebung von Gott selbst erhält.

In diesem Werk Berninis verbinden sich Bau- und Bildhauerkunst, Gold, Glas, Marmor und Bronze zu einem Spiel von Licht und Schatten, ja zu einem bewegten und höchst originellen Bildkomplex, mit dem die Barockkunst ihren expressiven Höhepunkt erreichte.

Die Grabmäler der Päpste

In der Peterskirche sind 147 Päpste bestattet. Der Wunsch vieler Nachfolger des Apostelfürsten, in der Nähe jenes Ortes beigesetzt zu werden, wo der erste Papst das Zeugnis seines Glaubens abgelegt hat und wo sich seine letzte Ruhestatt befand, ist durchaus verständlich. Einige Päpste beauftragten schon zu Lebzeiten berühmte Künstler mit ihren Grabdenkmälern. Es ist bekannt, daß Julius II. Michelangelo mit dieser Aufgabe betraute, welcher allerdings aus verschiedenen Gründen sein Werk nie zu vollenden vermochte, was ihn künstlerisch und psychisch zutiefst verstörte.

An den Grabdenkmälern der Päpste in den Kirchenschiffen von St. Peter und in den Grotten läßt sich nicht nur die Geschichte des Papsttums ablesen sondern auch die Entwicklung der Kunst. Ausgehend von Monumenten aus dem Mittelalter und der Renaissance gelangt man bis in unsere Tage. Dem überladenen Barockstil folgte die auf das Wesentliche beschränkte Kunst der Moderne, nach dem kraftvoll behauenen Marmor kam die formbare Bronze. Jedes dieser Grabmäler vermag ein historisches Kapitel der römischen Kirche zu erzählen, trotz aller unvermeidlich lobpreisenden und verherrlichenden Tendenzen, die sich sowohl in den Zügen der Dargestellten als auch in den beigefügten Allegorien manifestiert. Daß dieser historische Überblick nicht auf das Papsttum be-

Kaiserlicher Thron von Karl dem Kahlen. Er wird, der Überlieferung gemäß, für den bischöflichen Ehrensitz des hl. Petrus gehalten

DIE PETERSKIRCHE   57

Guglielmo della Porta, *Grabmal von Papst Paul III.* und die *Allegorie der Gerechtigkeit* im Detail

schränkt bleibt, garantieren mehrere Denkmäler zu Ehren von Heiligen und Fürsten.

In der Peterskirche zeigt sich in der Tat die gesamte Geschichte der Kirche, verstanden als Volk Gottes, in dem ein jeder mit seinen Gaben und Eigenschaften zum Wachstum der gesamten Gemeinde beiträgt.

Grabmal von Papst Paul III. Dieser Papst beraumte im Jahre 1545 das Konzil von Trient an. Außerdem betraute er Michelangelo mit der Bauleitung an der Peterskirche. Michelangelo schrieb über ihn: „Der Papst hat mir ausschließlich Liebenswürdigkeiten zuteil werden lassen". Am Stil Michelangelos scheint sich denn auch Guglielmo della Porta (um 1490 - 1577) orientiert zu haben, als der dieses bedeutende Grabmonument entwarf und zur Vollendung brachte.

So ist der Einfluß der Kunst Michelangelos auf die Figur des Papstes, aber auch auf die im unteren Bereich rechts vom Beschauer dargestellte alte Frau offensichtlich: Die Züge der Frau erinnern an die Sibylle von Cumae, welche Michelangelo an der Decke der Sixtinischen Kapelle ver-

Gian Lorenzo Bernini, *Grabmal von Papst Urban VIII.* und die *Allegorie der Gerechtigkeit* im Detail

ewigt hat. Einige Historiker glauben, darin die Mutter von Paul III., Giovannella Caetani, erkennen zu können. In der anderen, ebenfalls am Fuße des Grabmals rastenden Figur vermutet man eine Darstellung Giulias, der wunderschönen Schwester des Papstes. Zugleich aber kann man die beiden Erscheinungen als Allegorien der *Klugheit* und der *Gerechtigkeit* auffassen.

Grabmal von Papst Urban VIII. Zur Rechten der „Cathedra Petri" im Chor befindet sich das von Bernini geschaffene Grabmal für Papst Urban VIII., das, vom Aufbau her, zum Vorbild fast aller Barockdenkmäler dieser Art werden sollte.

Die Figur des Papstes und ersten großen Förderers von Bernini ist in vergoldeter Bronze ausgeführt. Neben dem Sarkophag sind zwei Frauenfiguren aus weißem Carrara-Marmor als Allegorien der Nächstenliebe und der Gerechtigkeit dargestellt.

Aus dem Sarkophag erhebt sich der Tod als geflügeltes Skelett mit einer Pergamentrolle in Händen, auf welcher die Namen des Papstes und seines Geschlechts zu lesen sind.

Für dieses Denkmal brauchte Bernini rund zwanzig Jahre, von 1627 bis zu seiner Vollendung im Jahre 1647, als Papst Urban VIII. schon drei Jahre tot war.

Die Kapellen der Peterskirche

In den frühchristlichen Basiliken gab es immer nur einen Altar, denn er war das Symbol allein für Christus, den es nur einmal gab, wie auch die Eucharistie einmalig war, die vom Bischof und den Priestern gemeinsam feierlich begangen wurde.

Im Laufe der Jahrhunderte gestand die liturgische Ordnung den Priestern die Möglichkeit zu, die Messe zu besonderen Zwecken auch allein zu feiern. Von daher wurden die Kirchen neu gestaltet und zusätzliche Altäre bzw. Kapellen in den Seitenschiffen errichtet.

Schon im 12. Jh. zählte man allein in der vatikanischen Basilika mehr als dreißig dieser Art.

Die Kapellen und zahlreichen Altäre von St. Peter entsprechen den liturgischen Regeln, die heute, infolge der Reform, ihre ursprüngliche Geltung wiedererlangt haben. Über den Altären sind Bilder angebracht, etwa das wunderschöne Basrelief mit der Darstellung der Begegnung zwischen Papst Leo dem Großen (440-461) und Attila, oder die zart anmutende „Madonna della Colonna", die schon in der einstigen konstantinischen Basilika verehrt wurde. Viele der berühmten und kostbaren Altargemälde wurden durch getreue Mosaikkopien ersetzt, während die Originale, aus naheliegenden konservatorischen und Sicherheitsgründen, in Museen aufbewahrt werden - man denke beispielsweise an die berühmte *Verklärung Christi* von Raffael, die sich heute in der Vatikanischen Pinakothek befindet.

Alessandro Algardi, *Leo der Große begegnet Attila.* **Cappella della Colonna**

Die Sakramentskapelle. Ein elegantes Bronzegitter, ein Werk von Francesco Borromini aus den Jahren 1629/30, gibt den Blick frei in einen ursprünglich als Sakristei konzipierten Raum, der im frühen 17. Jh. zur Sakramentskapelle umgewidmet wurde.

Die Geschichte der Kapelle und ihrer Ausschmückung ist äußerst verwickelt. Mehrere Künstler waren daran beteiligt, die sich an Vorzeichnungen von Pietro da Cortona (1596-1669) orientierten. Cortona ist auch der Urheber des Altargemäldes mit der *Dreifaltigkeit.* Gian Lorenzo Bernini schuf hingegen das vergoldete Bronzetabernakel in Form eines tempelartigen Zentral-

Die Sakramentskapelle mit dem Bronzetabernakel von Bernini und, unten im Detail, ein Engel in anbetender Haltung

Auf der nebenstehenden Seite: Cappella della Presentazione

baus, das einem Werk Bramantes in der Kirche San Pietro in Montorio sehr nahesteht.

Bernini war in dieser Kapelle auch mit den Instandsetzungsarbeiten des Fußbodens und der Balustrade betraut.

Zum Abschluß des gedanklichen Rundgangs durch die Peterskirche führen wir den Besucher in diese Kapelle, die nicht nur aus Gründen ihrer künstlerischen Ausführung, sondern vor allem wegen der ihr zugewiesenen Bestimmung von besonderer Bedeutung ist. Hier wird man vom Touristen zum Pilger, denn diese Kapelle ist ausschließlich dem Gebet und der inneren Betrachtung vorbehalten. Täglich finden hier Messen statt, wobei sich das Staunen und die Verwunderung, mit denen man vor den großen Kunstwerken verharrt, zu einem Glaubensakt zu wandeln vermögen, einer Annäherung zu Gott, der in der hl. Kommunion gegenwärtig ist, ja von dem alle Inspiration ihren Anfang nimmt.

Aber die Kunst, die Tochter der Schönheit, kann auch von all jenen genossen werden, die einem anderen Glauben huldigen. Auch für sie vermag diese Kapelle, die ganz bewußt aus dem allzu aufdringlichen Lärm des Alltagsleben ausgespart ist, Gelegenheit geben, innezuhalten und darüber nachzudenken, was die großen Kunstwerke in ihrem Gemüt bewegt haben.

San Giovanni in Laterano

Zwischen Geschichte und Legende

S. 62-63, Innenraum von San Giovanni in Laterano

Cristoforo Roncalli, Pomarancio genannt, *Papst Silvester I. tauft Konstantin*. Linker Arm des Querhauses

San Giovanni in Laterano ist die Kathedrale, d.h. Hauptsitz des Papstes als Bischof von Rom, symbolisiert durch die „Cathedra", den bischöflichen Ehrensitz. Diese Kathedrale des Papstes rangiert ideell als erste unter den Kirchen der Welt, ja, wie eine alte Wendung besagt, als „Mutter und Haupt aller Kirchen".

Die Basilika hat eine bewegte Geschichte, und als nicht minder komplex erweist sich die historische Darstellung ihrer Wechselfälle von den Zeiten Konstantins des Großen (280-337) bis zur heutigen Basilika, in der nur wenig an den ursprünglichen Bau erinnert. Um die Ursprünge dieses Gotteshauses ranken sich Legenden. Die berühmteste der vielen aus dem Mittelalter überlieferten Versionen besagt, daß Petrus und Paulus dem leprakranken Kaiser Konstantin im Traum erschienen seien und ihm Heilung versprochen hätten, unter der Voraussetzung, daß er sich taufen lasse. Der damalige Papst Silvester I. (314-335) war aber aus Angst vor Verfolgung aus Rom in die Wälder des Monte Soratte geflohen. Unter den beruhigenden Zusicherungen des Kaisers beschloß er, nach Rom zurückzukehren und Konstantin zu taufen. Nach seiner Heilung vom Aussatz ließ er als Zeichen seines Dankes die Basilika San Giovanni errichten.

Auf der nebenstehenden Seite: Fresko aus der ersten Hälfte des 17. Jhs., *Innenraum der Kirche San Giovanni in Laterano*. Rom, Kirche San Martino ai Monti. Dargestellt ist das

Diese Legende ist ziemlich unwahrscheinlich, zumal sich die Taufe Konstantins (wenn man überhaupt von einer solchen sprechen kann, was nicht historisch belegt ist) erst in den letzten Jahren seines Lebens abgespielt haben dürfte. Zur größeren Klarheit sollte man aber vielleicht alles der Reihe nach erzählen.

San Giovanni in Laterano wird häufig einfach nur „Lateranbasilika" genannt. Der Name soll auf die alte römische Familie der Laterani zurückgehen, die einst im heutigen Lateranbereich lebte.

Tacitus berichtet in seinen *Annalen*, daß ein Mitglied dieser Familie, ein gewisser Plauzio Laterano, eine Verschwörung gegen Nero angezettelt habe, dann aber entdeckt und getötet wurde. Seine Güter wurden dabei konfisziert. Die Gegend, wo sich die Häuser der Laterani befanden, wurde künftig als Lateran bezeichnet.

Die Historiker sind sich über die Ursprünge der frühchristlichen Kirche und die Deutung der antiken Fundstücke, die bei zahlreichen archäologischen Grabungen zum Vorschein kamen, nicht einig. Einige sind der Meinung, daß sich im vierten nachchristlichen Jahrhundert an der Stelle der heutigen Basilika, und zwar im Hause von Fausta, der Gemahlin Konstantins, eine „Domus ecclesia" (also eine Gebetsstätte, wo sich die Christen versammelten) befunden haben soll. Dort habe Konstantin dann in einem Jahr zwischen 310 und 315 den Bau der Basilika veranlaßt.

Andere hingegen vertreten die Ansicht, daß die „Domus ecclesia" auf den Ruinen des Hauses der Familie der Laterani errichtet worden sei: also ei-

SAN GIOVANNI IN LATERANO

mittelalterliche Erscheinungsbild der Kirche vor der Umgestaltung durch Borromini.

Stirnseite des Querhauses der Basilika an der Piazza San Giovanni in Laterano. Die obere Loggia, die den päpstlichen Segensspendungen diente, wurde gegen Ende des 16. Jhs. von dem Architekten Fontana ausgeführt.

nige hundert Meter entfernt von dem Ort, wo sich heute die Basilika erhebt, unter der man hingegen Reste eines Gebäudes aus dem späten dritten nachchristlichen Jahrhundert ausgegraben habe. Dieses Gebäude soll später als Kaserne der Leibwache Konstantins gedient haben, bis er sie niederreißen ließ, um hier eine frühchristliche Erlöserkirche zu errichten, die unter dem Pontifikat von Gregor I. (590-604), auch Johannes dem Täufer und Johannes dem Evangelisten geweiht wurde.

Von den beiden Hypothesen scheint die letztgenannte überzeugender zu sein, auch wenn sich ihr nicht alle Historiker anschließen.

Der Grundriß und die Außenmauern der spätantiken Basilika entsprachen in etwa denen der heutigen Kirche. Die fünf Schiffe waren durch herrliche Marmorsäulen mit korinthischen Kapitellen untergliedert. Das Querhaus war auf die Breite der drei mittleren Kirchenschiffe beschränkt, während die beiden äußeren Seitenschiffe kürzer als die anderen waren und in zwei quadratische Säle ausliefen, die an der Außenfassade der Kirche um einige Meter auskragten.

Neben der Basilika wurden Gebäude errichtet, die für rund ein Jahrtausend nicht nur als Papstresidenz dienten sondern auch die päpstliche Kurie beherbergten. Die Basilika und die Paläste waren Schauplatz von fünf ökumenischen Konzilien, die von daher als Laterankonzilien in die Geschichte eingingen. Mit der Verlagerung der päpstlichen Residenz nach Avignon im Jahre 1304 begann für den Lateran eine lange Phase allmählichen Verfalls, der sich auch nach der Rückkehr der Päpste im Jahre 1378 fortsetzte, da die Päpste nun den Vatikan als Wohnsitz bevorzugten.

Erst Papst Sixtus V. (1585-1590) entschied sich für die Wiederherstellung der schrecklich verwahrlosten Gebäude und veranlaßte einschneidende Baumaßnahmen. Noch heute ist San Giovanni in Laterano die Kathedrale von Rom und der eigentliche, von der „Cathedra" gekennzeichnete Bischofssitz des Papstes. Sie enthält keine kostbaren und einzigartigen Überreste religiöser Verehrung, wie die sterblichen Überreste des hl. Petrus oder des hl. Paulus, mit Ausnahme ihrer Kopfreliquien, aber ihre ideellen Bezüge sind noch stärker als die der Reliquien, weil sie sich unmittelbar auf die Botschaft beziehen, die „alles neu gemacht hat" (s. *Offb.* 21,5), die frohe Botschaft des Mensch gewordenen Gottessohnes, der zur Erlösung der Menschen geboren wurde.

Über der Fassade der heutigen Basilika sieht man hoch oben vierzehn jeweils rund sieben Meter große, freistehende Statuen, in deren Mitte sich

die zentrale Figur Christi als Erlöser erhebt. Die Vorstellung von dem erlösenden Wort des Lebens, d.h. dem menschgewordenen Gottessohn, wird durch die Identität dieser Figuren unterstrichen: Es handelt sich um Johannes den Täufer, dessen Leben und Wort das Alte mit dem Neuen Testament verbindet, den Apostel Johannes, der vom Leben und Wort des Herrn mit seinem Evangelium Zeugnis ablegt, und um die großen Kirchenlehrer und Theologen, welche dieses Wort erläutert und vertieft haben.

Die Basilika San Giovanni in Laterano, wie sie uns heute vor Augen tritt, versinnbildlicht als Ganzes, angefangen bei ihrem Fassadenschmuck, die Kirche selbst, die keine eigenen Worte zu sagen hat, sondern fortwährend das Wort Gottes verkündet, von dem der Papst und die Bischöfe im Lauf der Welt Zeugnis ablegen.

Eine Abfolge von Unglücken und Instandsetzungen

Raffael und Gehilfen, *Leo dem Große begegnet Attila,* **Detail. Vatikan, Stanzen Raffaels**

Auf der nebenstehenden Seite: Pinturicchio, *Papst Pius II. zieht als gekrönter Papst in den Lateran ein.* **Siena, Libreria Piccolomini**

In der Geschichte der Basilika San Giovanni in Laterano häufen sich kleine und große, ja einige äußerst schwerwiegende Unglücke. Die wahren oder vorgeblichen Schätze, die Konstantin der Große freigebig gestiftet haben soll, wurden bald zur Legende. In Phantasie und Fabel steigerte sich die Vorstellung vom Reichtum dieser Kathedrale so sehr, daß sie alsbald als die „Güldene" bezeichnet wurde. Von daher war naheliegend, daß die Wandalen unter ihrem König Geiserich, als sie im Jahre 455, zu Zeiten von Papst Leo I. (440-461), Rom plünderten, ihre Zerstörungswut besonders an der Basilika ausließen. Von dem eher ersehnten denn wirklich vorhandenen Schatz blieb auf jeden Fall nur wenig übrig. Dem Papst war es zwar gelungen,

Attila, dem schrecklichen Hunnenkönig, im Jahre 452 Einhalt zu gebieten, aber gegen die neuen Barbaren kam er nicht an. Es blieb ihm nur die rasche Wiederherstellung der Basilika. Im Jahre 896 wurde die Kathedrale Roms von einem Erdbeben erschüttert. Papst Sergius III. (904-911) ließ daraufhin notwendige und grundlegende Konsolidierungsarbeiten vornehmen.

Zwischen 1308 und 1361 wurde die Basilika von zwei Feuersbrünsten stark beschädigt. Den ersten Wiederaufbau veranlaßte Papst Klemens V. (1304-1314), der zwar seinen Aufenthalt in Avignon genommen hatte, aber das Schicksal der römischen Kathedrale weiterhin verfolgte. Die zweiten Wiederherstellungsarbeiten gehen auf die beiden Päpste Urban V. (1362-1370) und Gregor XI. (1370-1378) zurück. Was aber Wandalen, Erdbeben und Brände nicht zerstören konnten, vermochte die Nachlässigkeit der Menschen.

Nach Sixtus V. (1585-1590) wurden nur noch unbedeutende Ausbesserungsarbeiten und Eingriffe vorgenommen, so daß die Basilika San Giovanni in Laterano bis zur Mitte des 17. Jhs., als Innozenz X. (1644-1655) Papst wurde, erneut ihrem Schicksal überlassen war. Während des 16. und 17. Jhs. intensivierten sich die Instandsetzungsarbeiten oder oft auch runderneuernden Baumaßnahmen an den großen christlichen Baudenkmälern Roms. Naturgemäß wurden die vorgefundenen Werke älteren Datums dem künstlerischen Geschmack der Zeit angepaßt. Die frühchristlichen Basiliken, vor allem Alt-St. Peter, wurden ganz neu erdacht oder zumindest „neu eingekleidet". Das Barock mit seiner üppigen Pracht und seinem Formenreichtum brachte einen Prozeß zum Abschluß, im Zuge dessen die Bauwerke ihr ursprüngliches Erscheinungsbild fast völlig verloren.

Papst Innozenz X. veranlaßte anläßlich des bevorstehenden Jubeljahres 1650 den Bau der neuen Lateranbasilika. Die Leitung der Arbeiten war dem Architekten Francesco Borromini (1599-1667)

Diego Velásquez, *Porträt von Papst Innozenz X.* Rom, Galleria Doria Pamphilj

übertragen, einem der genialsten und berühmtesten Künstler des römischen Barocks.

Das Unternehmen trug die Züge einer großen Herausforderung: Die Basilika präsentierte sich in einem Zustand stärksten Verfalls und bis zum Jubiläum fehlten nur noch sechs Jahre.

Borromini sah sich also mit zahlreichen Problemen konfrontiert, aber, wie kaum anders zu erwarten, gelang es ihm, in seiner durchaus launischen aber auch genialen Art, diese Schwierigkeiten durch ausgezeichnete Ideen zu überwinden. Seine Aufgabe war um so schwieriger, da der Papst darauf bestand, daß die Anlage der frühchristlichen Basilika weitestgehend unangetastet bleiben sollte. Wegen des schlechten baulichen Zustandes der Kirche konnten diese Anweisungen aber nicht immer berücksichtigt werden. Fast alle spätantiken Säulen des Mittelschiffs waren in den vorangegangenen Jahrhunderten mit Ziegelsteinen ummantelt worden, um die von Bränden und Erdbeben stark mitgenommenen Trägerstrukturen zu verstärken. Borromini legte Innozenz X. drei verschiedene Restaurierungspläne vor, die alle, in unterschiedlicher Weise, die Grunderneuerung des Mittelschiffs ins Auge faßten. Ausgewählt wurde schließlich der zweifellos eleganteste Vorschlag.

In die neuerrichteten Doppelpfeiler des Mittelschiffs wurden 12 Ädikulä eingelassen, in denen einige Jahre später die Statuen der Apostel Aufstellung fanden. Über dem mittleren Bogen zur Rechten ist das Wappen der Pamphilj angebracht. Der obere Teil des Mittelschiffs ist zu beiden Seiten durch den Wechsel großer rechteckiger Fenster (über den Bögen) mit Malereien in ovaler Rahmung (über den Ädikulä) gekennzeichnet. Die hölzerne Kassettendecke aus dem 16. Jh., die auf Pius VI. (1559-1565) zurück-

Der Architekt der neuen Basilika San Giovanni in Laterano: Francesco Borromini

Francesco Borromini, *Selbstbildnis.* Rom, Kirche San Carlo alle Quattro Fontane

Francesco Castelli, Borromini genannt, (1599-1667) wurde im Tessin geboren und war rund dreißig Jahre lang als einfacher Steinhauer und Marmorschneider tätig. Als entfernter Verwandter von Carlo Maderno (1556-1629), dem Schöpfer der Fassade von St. Peter, begegnet man ihm als dessen Mitarbeiter beim Ausbau der Peterskirche und am Palazzo Barberini. Sein Aufstieg zum hochangesehenen Architekten begann nach dem Tod seines Meisters. 1634 erhielt er seinen ersten öffentlichen Bauauftrag, und zwar die Errichtung des Klosters, Kreuzgangs und der Kirche San Carlo alle Quattro Fontane. Andere Aufträge folgten, den Höhepunkt des Ruhms erreichte er aber erst mit der 1646 übernommenen Restaurierung und Umgestaltung der Lateranbasilika und mit dem Bau der Kirche Sant'Ivo della Sapienza. Borromini war vornehmlich in Rom tätig. Er war sehr belesen und gebildet: Nach seinem Tod fand man in seiner Wohnung rund eintausend Bücher, die mit eigenhändigen Randbemerkungen des Künstlers versehen waren. Er galt als großer Verehrer Michelangelos, der für ihn Vorbild war und dessen Bauwerke er mit Leidenschaft studierte.

Borromini war kein einfacher Charakter, vielmehr reizbar und unnachgiebig auch gegenüber seinen Auftraggebern. Zutiefst zerstritten mit Gian Lorenzo Bernini, dessen Geschmack er nicht teilte, überzog Borromini seine Werke mit dem ihm eigenen unruhigen Geist, häufig ohne von den Zeitgenossen voll verstanden zu werden. Heute hingegen erscheinen uns die Erfindungen dieses Künstlers als wirklich neu und zukunftsweisend, ja technisch verblüffend. 1667 machte Borromini seinem Leben ein Ende, das ihm mehr Kummer als Glück beschert hatte.

SAN GIOVANNI IN LATERANO

Die Fassade von San Giovanni in Laterano

geht, wurde beibehalten, obwohl der Architekt ein Tonnengewölbe und vielleicht auch eine große Kuppel vorgesehen hatte. Die Seitenschiffe waren in so schlechtem Zustand, daß sie abgerissen und neu wiederaufgebaut wurden. Für die Innenausstattung blieb wenig Zeit, trotzdem ist sie heute als eines der schönsten Werke Borrominis anzusehen. Das riesige bauliche Unternehmen war 1649 abgeschlossen, und die Weihe der „neuen Basilika" fand, wie geplant, bei Gelegenheit des Heiligen Jahres 1650 statt. Bis die Arbeiten an San Giovanni in Laterano ganz abgeschlossen waren, bedurfte es allerdings noch einiger Jahre zur Gestaltung des Kircheninneren und der neuen Fassade.

Die heutige Fassade

Papst Klemens XII. (1730-1740) ließ kaum zwei Jahre nach seiner Wahl einen Wettbewerb für den Bau der neuen Fassade von San Giovanni in Laterano ausschreiben.
Dieses Projekt war sehr reizvoll, so daß die besten Künstler und Architekten Europas nicht umhin kamen, ihre Entwürfe einzureichen. Gewinner war der Florentiner Alessandro Galilei (1691-1736), erster Architekt des toskanischen Großherzogtums. Als Erforscher und Theoretiker der antiken Baukunst und der Architektur des 16. Jhs. von Mi-

chelangelo bis Maderno hatte sich Galilei für eine streng klassische, dem Barock völlig entgegengesetzte Fassadengestaltung entschieden. Das heute allseits sichtbare Ergebnis seiner Bemühungen war ein zweifelsfrei sehr monumentales, aber wenig anmutiges Gefüge. Carlo Argan (1909-1993), der bekannte Kunsthistoriker, schrieb dazu: „Galilei wiederholte überdimensioniert und in eintöniger Gleichförmigkeit das Muster der römischen Fassaden des späten 16. Jhs". Die Arbeiten beanspruchten einen Zeitraum von drei Jahren (1732-1735) und liefen praktisch parallel zur Entstehung der Corsini-Kapelle in San Giovanni in Laterano, welche ebenfalls von Klemens XII., der dem Geschlecht der Corsini angehörte, veranlaßt worden war.

Zur Fassade gehört eine (der Anzahl der Kirchenschiffe entsprechend) fünftorige Vorhalle, zu welcher eine kurze Freitreppe hinaufführt.

In der Vorhalle, zur Linken des eintretenden Besuchers, erhebt sich die *Kolossalstatue Konstantins des Großen*. Im Laufe der Jahrhunderte wechselte diese Statue mehrfach ihren Standort. Einige Kunsthistoriker sind der Ansicht, daß es sich bei dem Dargestellten nicht um den Kirchengründer

Konstantin, sondern um einen seiner Söhne handele. Jedenfalls ließ Klemens XII. das Werk 1737 hierher bringen, um damit Konstantin dem Großen, welcher traditionell als erster christlicher Kaiser angesehen wird, Ehre zu erweisen.

Über der Vorhalle befindet sich eine Loggia mit fünf Bögen. Den oberen Abschluß der Fassade bildet eine Balustrade, die sich über die gesamte Breite erstreckt. Auf dem oberen Rand dieser Balustrade sind Heiligenstatuen aufgestellt, die sich kranzartig um den in der Mitte angebrachten Segnenden Christus gruppieren.

Die Piazza San Giovanni in Laterano mit der charakteristisch achteckigen Taufkapelle, der Benediktionsloggia und, zur Linken, dem gewaltigen Bau von Domenico Fontana

Der Innenraum der Basilika

Wer heute die Lateranbasilika betritt, steht in einer fünfschiffigen Kirche mit einem ausgedehnten Querschiff und einem großen Chorraum, der zu Zeiten von Papst Leo VIII. (1878-1903) runderneuert wurde. Die architektonische Gestaltung des Innenraums und seine Auszierung gehen auf Borromini zurück, so daß die Kirche heute in ihrer Gesamtheit als sein Werk gelten kann. Nach ihm wurden nur wenige Arbeiten vorgenommen, und auch von der frühchristlichen Basilika sind nur einige Bauelemente zu sehen. Der Blick wendet sich sogleich hinauf zu der prunkvollen vergoldeten Holzdecke aus dem 16. Jh., die wahrscheinlich von Pirro Ligorio (1510-1583), dem phantasievollen Schöpfer des Gartens der Villa d' Este in Tivoli, entworfen worden ist. Pius VI. (1775-1800), dessen Wappen nahe des Eingangsportals zu sehen ist, ließ die zwischen 1562 und 1567 entstandene Decke restaurieren. Der schöne Fußboden „alla cosmatesca" geht auf die Zeit von Papst Martin V. (1417-1431) zurück und wurde von Borromini instandgesetzt. Der mittlere Raum, der vom Eingang bis zum Thron im Chorhaupt 130 m mißt, wird maßgeblich von den seitlichen Ädikulä mit den Apostelstatuen, von dem schönen gotischen Ziborium, der sich über dem Altar erhebt und von dem Chor mit seinen 1884 fast völlig überarbeiteten Mosaiken geprägt ist. Bevor wir dem berechtigten Wunsch des Besuchers nachkommen, die einzelnen Stücke aus der Nähe zu betrachten, wollen wir seine Aufmerksamkeit noch einen Moment auf die Einheitlichkeit des Gesamtentwurfs lenken, die in erster Linie Werk von Francesco Borromini ist. Die ihm nachfolgenden, meist sehr begabten Künstler hatten keine Schwierigkeiten, sich den Vorstellungen Borrominis anzuverwandeln, da die Grundlinien alle deutlich vorgegeben waren. Die Einzelheiten mögen als solche nicht allzu bedeutend sein und nicht besonders ins Auge fallen, vielmehr besteht das Bahnbrechende in der Fähigkeit dieses Architekten, alle Teile zu einem harmonischen Ganzen zu verschmelzen, welches uns heute, trotz heftiger Kritik der Kunstgeschichte, als Werk eines äußerst genialen Künstlers erscheint.

Das Mittelschiff

Die Beschreibung des mittleren Raums der Basilika mag von Nutzen sein, um uns seiner einzelnen Bestandteile deutlicher bewußt zu werden. Die

Auf der nebenstehenden Seite: reizvoller Blick ins Innere des Basilika, und, zur Rechten, ein Blick auf die Figurennischen des Mittelschiffs mit Apostelstatuen

Camillo Rusconi, Der *Hl. Johannes Evangelist* (links) und der *Hl. Andreas*

Bögen zur Rechten und Linken führen in die vier, paarweise angeordneten Seitenschiffe, in denen sich Grabdenkmäler, Kapellen und Altäre befinden. In den Ädikulä, die in die Doppelpfeiler des Mittelschiffs eingelassen sind, sieht man die mächtigen Apostelstatuen. Sie wurden im frühen 18. Jh. von den angesehensten Bildhauern der Zeit, etwa Camillo Rusconi (1658-1728), der für vier der zwölf Statuen zeichnet, dann auch Pierre Legros (1666-1719) und Pierre Monot (1657-1733) ausgeführt. Oberhalb dieser Ädikulä sind Stuckreliefs mit Szenen aus dem Alten und Neuen Testament von Alessandro Algardi (1595-1654) und einigen seiner Schüler zu sehen. Und noch weiter oben erkennt man zwischen den Fenstern, in ovalen, girlandenförmigen Stuckrahmen, die gegen Ende des 17. und zu Beginn des 18. Jhs. gemalten Darstellungen der Propheten. Unter den Urhebern dieser Bilder sollen wenigstens zwei namentlich erwähnt werden: Marco Benefial (1684-1764), der jüngste und unbekannteste der zur Ausführung dieser Leinwandgemälde herbeigerufenen Maler, und Sebastiano Conca (1680-1764). Es handelt sich um Künstler, die sich von den Vorgaben des offiziellen Stils jener Zeit zu lösen versuchten, um zu einem freieren Ausdruck vorzudringen. Obwohl die drei beschriebenen Ebenen der Seitengestaltung des Mittelschiffs aus verschiedenen Zeiten stammen, so sind sie doch eingebunden in einen einheitlichen ikonographischen Plan, dessen spezifische Symbolik seit jeher in den christlichen Kirchen anzutreffen war. In den frühchristlichen Mosaiken und Fresken wurden nämlich die Propheten und Apostel stets zusammengesehen, da sie gemeinsam die Kontinuität der Heilsgeschichte versinnbildlichen. Sie sind, in übertragenem Sinne, die Stimme Gottes, die sich den Menschen im Alten und Neuen Testament mitteilt. Die ausgewählten Bibelszenen der Stuckreliefs in der Mittelebene dienen nicht nur als Verbindungselement zwischen den einzelnen Propheten und Aposteln, sondern führen vor Augen, daß sich diese im Namen Gottes formulierten Worte in den Ereignissen der Heilsgeschichte niedergeschlagen haben.

In der Offenbarung und der Geschichte des Menschen beschränkt sich Gott nicht darauf, zu sprechen oder andere sprechen zu lassen, vielmehr handelt Er auch.

In einem wichtigen Dokument des Zweiten Vatikanums, das der Heilsgeschichte gewidmet ist, heißt es: „Die Offenbarung vollzieht sich in Begebenheiten und Worten, die zutiefst miteinander verbunden sind, so daß die von Gott in der Heilsgeschichte vollbrachten Werke die Lehre und die Bedeutung der Worte kundtun und bestärken, und die Worte bestätigen die Werke und erklären das darin enthaltene Geheimnis" (*Dei Verbum*, 2).

Im Mittelschiff der Lateranbasilika wird also das Verfahren augenfällig gemacht, mit dem Gott, nach Auffassung der christlichen Kirche, in die Geschichte des Menschen eingreift.

Das Querhaus und das Ziborium

Auf Altarhöhe öffnet sich das unter Klemens VIII. (1592-1605), nach einem Entwurf von Giacomo della Porta (1533-1602), völlig erneuerte Querhaus. Einige Quellen bezeugen, daß der Papst gleich nach seiner Wahl die Absicht bekundet habe, die gesamte Basilika zu restaurieren, aber die Trägheit von Giuseppe Cesari, Cavaliere D'Arpino genannt (1568-1640), dem die Leitung der Kirchenausmalung anvertraut war, entmutigte ihn so sehr, daß er nur die Sakristei und das Querschiff herrichten ließ.

Im Querhaus sind die Fresken erwähnenswert, die von einigen der berühmtesten manieristischen Maler des späten 16. Jhs. ausgeführt wurden. Man denke etwa an Namen wie Orazio Gentileschi (1563-1639), Cesare Nebbia (um 1536-1614) und Pomarancio (um 1530-1592). Die Fresken schil-

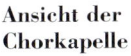

Ansicht der Chorkapelle

dern in einfacher und leicht verständlicher Form die Geschichte der Basilika, die untrennbar verbunden ist mit den legendären Begebenheiten im Leben Konstantins des Großen und im Umfeld seiner angeblichen Bekehrung zum Christentum. Die Bilder sind auf zwei Ebenen angeordnet: Im oberen Bereich sieht man die Apostel und Kirchenväter, darunter hingegen befinden sich Szenen aus der Gründungsgeschichte der Basilika als fingierte Wandteppiche mit reich verzierten Einfassungen.

Giuseppe Cesari behielt sich als Koordinator die Ausführung des großen Freskos mit der *Himmelfahrt Christi* über dem Sakramentsaltar vor. Diese Darstellung bildet den Abschluß des ikonographischen Programms der Querhausfresken. Jesus steigt in den Himmel auf und läßt an seiner Statt die Kirche in der Welt zurück, deren Vorrangstellung und Autorität auch von den Mächtigen der Welt, hier vertreten durch Konstantin, anerkannt werden.

Das gotische, von Papst Urban V. in Auftrag gegebene Ziborium. Es ist mit Freskenfeldern verziert, die Barna da Siena zugeschrieben werden

Giuseppe Cesari ist im langen Korridor, der zur Sakristei führt, bestattet.

Künstlerischer Höhepunkt des Querschiffs, auf den sich unvermeidlich der Blick des Besuchers heftet, ist das wunderschöne Ziborium aus der Zeit Urbans V. (1362-1370), eines französischen, von der Kirche seliggesprochenen Papstes, der für die Verwirklichung dieses Kunstwerks finanzielle Unterstützung vom französischen König Charles V. (1338-1380) erhielt. Unter dem Ziborium, vor dem päpstlichen Altar, steigt man über eine Doppeltreppe zur „Confessio" hinab, dem Ort, wo die Reliquien des alten päpstlichen Holzaltars aufbewahrt werden, an welchem die Päpste, nach der Überlieferung, vom ersten bis zum vierten nachchristlichen Jahrhundert die Messe zelebriert haben sollen. Es handelt sich demnach also auch um den Altar des hl. Petrus. Unabhängig von der Frage nach der wissenschaftlich-historischen Stichhaltigkeit, die kaum nachgewiesen werden kann, vermag dieser Altar die enge Beziehung zwischen der Lateranbasilika, als erstem Sitz der Päpste, und der Peterskirche aufzuzeigen, wo hingegen die „Cathedra Petri" aufbewahrt wird. Zur Bekräftigung der engen Verflechtung der beiden genannten und auch der übrigen beiden Patriarchalbasiliken San Paolo fuori le Mura und Santa Maria Maggiore finden sich auch noch andere Hinweise, wenn man der mittleren Ebene des Ziboriums Aufmerksamkeit schenkt: Dort nämlich sind hinter einem Metallgitter die Kopfreliquien des hl. Petrus und des hl. Paulus aufbewahrt, während unmittelbar darunter, auf allen vier Seiten des Bauwerks, Bilder mit Szenen aus dem Leben der hl. Jungfrau ins Auge fallen. Am Ziborium dieser Basilika zeigen sich also die Fundamente der christlichen Kirche, welche die anderen drei Basiliken auf ganz eigene Art schildern: Die Kirche erkennt sich in der Eucharistie als der Feier des Todes und der Auferstehung von Jesus Christus dem Erlöser. Wie schon die Apostel verkündet sie die frohe Botschaft, die der fleischgewordene Sohn Gottes, geboren von der Jungfrau Maria, allen gutwilligen Menschen gebracht hat.

Ein Schriftzug an der Basis der Bilder erinnert daran, daß Papst Pius IX. (1846-1878) das Ziborium 1851 „restaurieren und in neuem Glanz erscheinen" ließ. Giovanni di Stefano hatte das Ziborium gegen Ende des 14. Jhs. geschaffen, während Barna da Siena zwischen 1367 und 1368 die zwölf Bildfelder malte, die ein Jahrhundert später von Antoniazzo Romano (nachgewiesen zwischen 1461 und 1508) restauriert und nachgebessert worden sind. Die beiden Reliquiare aus dem 19. Jh. ersetzen Originale des 14. Jhs. Vor kurzem wurde eine schöne Holzstatue *Johannes des Täufers*, des Vorboten Christi, in der Krypta aufgestellt, die bis zum vergangenen Jahrhundert Donatello (1386-1466) zugeschrieben war, heute hingegen als Werk des weniger bekannten Malers und Bildhauers Donato da Formello (14. Jh.) ausgewiesen wird.

Der Chor

In allen antiken, vor allem in den frühchristlichen Basiliken, waren künstlerische Ausschmückungen auf das Presbyterium mit der „Cathedra" und dem Altar beschränkt. Die Baumeister jener Zeit gingen weniger von ästhetischen als von theologischen Überlegungen aus. Da nämlich der Altar Mittelpunkt und Kern der Kirche sei, gebühre ihm auch der Vorrang vor jedem anderen Raum; wenn also von künstlerischer Auszierung die Rede war, so sollte sie allein dazu dienen, diese zentrale Funktion unmittelbar zum Ausdruck zu bringen. In späteren Zeiten, vor allem als die Liturgie teilweise ihre Bezüge zur Wesentlichkeit und Zweckdienlichkeit der Zeichen und Symbole verloren hatte, dehnten sich die Verschönerungsarbeiten

Werkstatt von Donatello, *Grabmal von Papst Martin V.*

Francesco Grandi, *Papst Innozenz III. erkennt die franziskanische Ordensregel an*

auf den gesamten Kirchenraum aus, so daß das Pathos mancher Innenräume schließlich allzusehr vom eigentlichen Sinn der Meßfeier ablenkte.

Im Falle von San Giovanni in Laterano ist dies alles, mehr vielleicht noch als in den anderen Patriarchalbasiliken, augenfällig. Zu viele Dinge, darunter manches künstlerisch durchaus überzeugende Werk, lenken vom großen Ganzen ab. Altarraum und Chor verlieren dadurch ihren Vorrang, ja führen ein geradezu verborgenes Dasein. Aus kunsthistorischer Sicht sind sie natürlich von Interesse, dabei sollte aber nicht in Vergessenheit geraten, daß eine Kirche nicht nur als Museum oder Kunstsammlung fungiert, sondern in erster Linie dem Gottesdienst einer Glaubensgemeinschaft dient.

Der Chor wurde 1884 unter Papst Leo XIII. völlig erneuert. Statt den alten Chorraum aus der Zeit von Nikolaus IV. (13. Jh.) zu restaurieren, ließ ihn der Architekt Virginio Vespignani (1808-1882), der bereits das Ziborium des päpstlichen Altars instandgesetzt hatte, mitsamt dem originalen Gewölbemosaik von Jacopo Torriti einfach abreißen. Von dem Mosaik blieben schließlich nur einige Bruchstücke erhalten.

An seiner Stelle befindet sich heute eine schlechte Kopie des antiken Originals. Torriti, der wahrscheinlich auch einige Fresken in der Oberkirche von Assisi und das Gewölbemosaik in der Apsis von Santa Maria Maggiore (*Marienkrönung* und *Szenen aus dem Leben der hl. Jungfrau*) schuf, hatte sich hier wie dort des reinsten frühchristlich-byzantinischen Kunststils befleißigt. Im rekonstruierten neuen Mosaik aus dem 19. Jh. läßt sich seine besondere Manier nur ansatzweise nachvollziehen: Obwohl Turritis Arbeit ikonographisch getreu nachempfunden wurde, fehlt es an der einstigen stilistischen Vielschichtigkeit.

In diesem Gewölbemosaik sieht man unter andrem seinen Auftraggeber, Papst Nikolaus IV. Er gehörte dem Franziskanerorden an, worauf die beiden

Mosaik der Apsiswölbung, eine Überarbeitung aus dem 19. Jh. des ursprünglichen Mosaiks von Jacopo Torriti

kleineren Figuren neben Maria und Johannes dem Täufer hindeuten: der hl. Franziskus und der hl. Antonius von Padua, die bedeutendsten Heiligen dieses Bettelordens. Besagter Papst ist zu Füßen der Jungfrau Maria dargestellt, er kniet in Gebetshaltung und hat die Hände zur Versinnbildlichung der Opfergabe gen Himmel gehoben. Entsprechend verhalten sich auch die anderen, zur Hervorhebung ihrer „vortrefflichen" Heiligkeit sehr viel größer gestalteten Figuren: die hl. Maria, die hll. Petrus und Paulus rechts vom edelsteinbesetzten Kreuz, Johannes der Täufer, der Apostel Johannes und Andreas, der Sohn des hl. Petrus, zur Linken.

Hoch oben in der Apsiswölbung erkennt man das von Engeln umgebene Antlitz des Erlösers, darunter das edelsteinbesetzte Kreuz als Zeichen des Todes und der Auferstehung Christi, benetzt von Wasser, das der weißen Taube, dem Sinnbild des Heiligen Geistes, aus dem Schnabel fließt.

Dieses Wasser, das Hirsche und Schafe tränkt, verteilt sich vom Kreuz aus auf vier Quellströme und belebt aufs neue die gesamte Schöpfung mit ihren Pflanzen und Blumen, Tieren und Menschen, die ihren alltäglichen Verrichtungen nachgehen, versinnbildlicht in der idealen Stadt Jerusalem am Fuße des Kreuzes.

Die Deutung dieses Mosaiks ist nicht schwierig: die Taufe, auf die das Wasser verweist, kommt einer neuen Erschaffung der Welt und des Menschen gleich. Genauso, wie das Wasser Leben erzeugt, so führt auch die Taufe die Christen in das neue Leben ein.

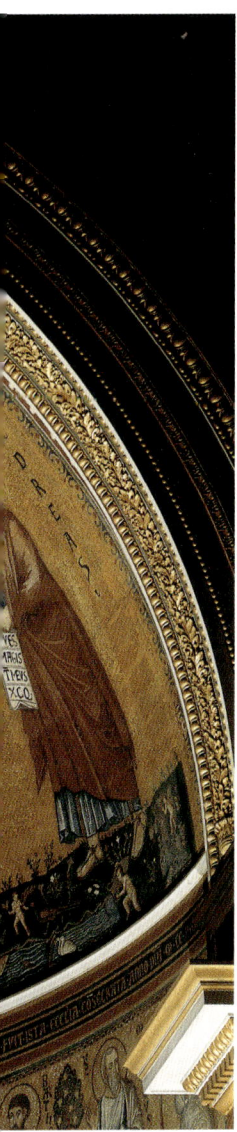

Grabdenkmal des Kardinals De Chaves

Die Grabmäler der Päpste und Kardinäle

Als Borromini mit der umfassenden Neugestaltung des Kircheninnenraums begann, wurden viele vorhandene Kunstwerke, vor allem die Grabmäler der Päpste und Kardinäle, abgebaut und in den Kreuzgang verbracht. Papst Innozenz X. hatte nämlich den Wunsch geäußert, diese Monumente nach Abschluß der Arbeiten wieder in der Kirche aufzustellen. Der Architekt aber war aus berechtigten und nachvollziehbaren Gründen nicht damit einverstanden. Er fürchtete, daß die überlieferten mittelalterlichen Grabstätten nicht mit dem neuen Stil der Basilika harmonierten. Das Projekt, das Borromini vorschwebte, wenn man ihm völlig freie Hand gelassen hätte, war zu revolutionär, um sich auf Kompromißlösungen und Halbherzigkeiten einzulassen. So heißt es, daß er die Holzdecke des Mittelschiffs aus dem 16. Jh. durch ein Tonnengewölbe ersetzen wollte und daß er mit dem Gedanken spielte, das gotische Ziborium zu zerstören, um es durch ein neues von seiner Hand zu ersetzen. Die Gegebenheiten machten allerdings einen Ausgleich erforderlich zwischen Erhaltung und Erneuerung, zwei an sich diametral entgegengesetzte Prinzipien. Mit der ihm eigenen Größe, die ihm zumindest heute allseits zuerkannt wird, fand Borromini einen Mittelweg zwischen den beiden gegensätzlichen Ansichten.

So wurden von den alten Grabstätten nur einige bezeichnende Bestandteile bewahrt und in völlig neu entworfene Grabdenkmäler eingefügt. Diese Arbeiten kamen allerdings nur langsam voran, sie wurden vom Papst unterbrochen und verkompliziert, der keine Gelegenheit ausließ, neue Zweifel und Probleme aufzuwerfen. Der Tod von Innozenz V. löste in dieser Hinsicht manches Problem. Der neue Papst, Alexander VII. (1655-1667), zeigte sich Borromini gegenüber offener, und das Werk konnte nunmehr in Ruhe fortgesetzt werden.

An den Wänden der äußeren Seitenschiffe befanden sich große ovale Fensteröffnungen, die nicht durch die Monumente verstellt werden sollten. So bezog Borromini die Fenster in seine Entwürfe der neuen Grabdenkmäler mit ein, als ob sie von vornherein dazugehört hätten. Ein Beispiel soll dies veranschaulichen.

Symptomatisch für dieses Vorgehen sind etwa die beiden *Grabmäler der Kardinäle De Chaves* (gest. 1447) *und Casati* (gest. 1290). Im ersten Fall sind aus dem alten Denkmal nur die auf der Grabstätte ruhende Figur und andere Skulpturen, die von Isaia da Pisa (tätig zwischen 1447 und 1464) stammen sollen, übernommen worden. Alles andere ist Werk von Borromini.

Der zweite Fall ist noch bezeichnender: Nur die Marmortafel mit der Inschrift ist von der einstigen Grabstätte des Kardinals Casati übriggeblieben. Die zweibogigen gotischen Täfelchen stammen vom Altar der Magdalenenkapelle. Diesen älteren Teilen gab Borromini eine neue, eigenwillige Rahmung mit perspektivischer Tiefenwirkung, bestehend aus drei konkav geschwungenen, nach außen ansteigenden Gesimsbögen, deren Scheitel das darüberliegende Fensteroval berühren. Das Gesims ruht auf vier „Kapuzenhermen", von denen die mittleren beiden zur Verstärkung der perspektivischen Wirkung kleiner gehalten sind.

Das Freskofragment, Giotto zugeschrieben

Beispielhaft für das zuvor geschilderte Vorgehen Borrominis ist auch das *Grabdenkmal von Papst Bonifatius VIII.*, in welches ein älteres Fresko einbezogen wurde. Es befand sich in der zerstörten Benediktionsloggia und dürfte um einiges größer gewesen sein, ja wahrscheinlich noch zwei weitere Szenen umfaßt haben: die Taufe von Konstantin dem Großen und den Bau der alten Lateranbasilika. Die Figur stellt mit einiger Sicherheit Bonifatius VIII. (1295-1303) dar, also jenen Papst, der 1300 das erste Heilige Jahr der Christenheit ausrief, zumal sein Name auf der Schriftrolle zu lesen ist, die von der Figur zur Linken des Papstes gehalten wird. Umstritten ist allerdings der Urheber dieses Freskos und auch die Frage, auf welche historische Begebenheit es Bezug nimmt. Einige Kunsthistoriker sind der Meinung, daß die Darstellung mit der feierlichen Ausrufung des ersten Jubiläumsjahres in Verbindung zu bringen sei, andere hingegen haben kürzlich die Auffassung geäußert, daß es sich um eine Schilderung der 1295 vollzogenen päpstlichen Inbesitznahme des Laterans handele. Die letzte Hypothese wird durch die Vermutung bestärkt, daß es sich bei der Figur zur Rechten des Papstes um Kardinal Matteo Rosso Orsini handeln könnte, der die Wahl von Bonifatius VIII. unterstützt hat und während seines Pontifikats als engster persönlicher Mitarbeiter auch in politischen Angelegenheiten fungierte. In einer Miniaturzeichnung (Vaticano Latino 4933), welche die Krönung des Papstes durch Orsini schildert, weist der Kardinal dieselben Gesichtszüge auf wie die Figur auf dem Fresko des Grabmals. Ob Giotto (1267?-1303) tatsächlich als Schöpfer dieser Wandmalerei

Grabdenkmal von Papst Bonifatius VIII. mit einem Freskenfragment von Giotto - Papst Bonifatius VIII. verkündet das erste Heilige Jahr von der Loggia des Laterans aus

angesehen werden kann, ist nicht bis ins Letzte geklärt. Einige Kunsthistoriker sehen eher Anhaltspunkte für eine Verbindung zum Oeuvre oder zur Werkstatt von Pietro Cavallini (nachgewiesen von 1273-1321), sprich gewisse Ähnlichkeiten mit den Fresken der Innenfassade von Santa Cecilia in Trastevere. Ausgehend von stilistischen Überlegungen, die durch die Restaurierung von 1956 möglich wurden, sind andere hinwiederum davon überzeugt, daß Giotto dieses Werk schuf. Unabhängig von allen kunsthistorischen Hypothesen ist das Fresko ein wichtiges Zeugnis für die enge Bindung der Lateranbasilika an die Tradition der Jubiläumsfeiern. Bonifatius VIII. rief nämlich hier, in San Giovanni in Laterano, das erste Heilige Jahr in der Geschichte der Christenheit aus.

Der Kreuzgang

Am Ende des linken Seitenschiffs gelangt man in den prachtvollen, quadratisch um einen bepflanzten Hof angelegten Kreuzgang, der wahrscheinlich zwischen 1215 und 1232 von der Künstlerfamilie Vassalletto geschaffen wurde, wie eine dem Eingang zum Portikus gegenüber befindliche Inschrift angibt, die während Restaurierungsarbeiten des 19. Jh. zutage getreten ist: „Vassalletto, der diese Kunst vortrefflich beherrschte, begann mit dem Vater das Werk, welches er allein zu Ende führte". Der Säulengang besteht aus einer Folge von rundum laufenden kleinen Bögen über vielgestaltigen, zum Teil mit Mosaiksteinen verzierten Doppelsäulchen und unterschiedlichsten Kapitellen. Bemerkenswert ist das figurenreich reliefierte und mit Tierköpfen zusätzlich verzierte Traufgesims auf dem eleganten Mosaikfries. Vom Hof des Kreuzgangs aus, wo sich eine Brunnenbrüstung aus dem 9. Jh. befindet, sieht man die beeindruckende Ziegelsteinfassade des linken Querschiffarms der Basilika. Die Gewölbe über den Wandelgängen ruhen auf Säulen mit ionischen Kapitellen, die erst in späterer Zeit hinzukamen. In den vier Säulengängen sind zahlreiche Fragmente aus der früheren Basilika aufbewahrt, so etwa die Reste der bischöflichen „Cathedra" von Papst Nikolaus IV., die sich einst in der Apsis befand, und ein steinerner Frauenkopf aus dem 5. Jh., welcher bisweilen für ein Bildnis der hl. Helena, gehalten wird. Wie schon gesagt, verbrachte Borromini diese Stücke zu Zeiten von Innozenz X. hierher, um sie nach den Umbauarbeiten wenigstens teilweise in der Basilika wiederzuverwenden. Sehenswert sind auch die Reste des Grabmals für Kardinal Annibaldi aus dem 13. Jh., die Arnolfo di Cambio (um 1245 - 1302) zugeschrieben werden. Werke dieses toskanischen Bildhauers finden sich in allen vier Patriarchalbasiliken Roms: Man denke nur an die berühmte Bronzestatue des *Apostels Petrus* im Vatikan, an das monumentale Ziborium von San Paolo fuori le Mura und an die Krippe in Santa Maria Maggiore.

Der Kreuzgang aus dem 13. Jh., ein Werk der Künstlerfamilie Vassalletto, mit einem Detail des Frieses

Das Baptisterium

Die Taufkapelle, bekannt unter der Bezeichnung San Giovanni in Fonte

Franceso Penni, *Die Taufe Konstantins*, Detail. Vatikan, Stanzen Raffaels. Die Szene ist in der Taufkapelle des Laterans angesiedelt

Unter den frühchristlichen Basiliken besaßen nur die Kathedralen Taufkapellen. Die Taufe unterstand in der Tat direkt den Bischöfen in den Diözesen bzw. dem Papst in Rom. Erst viel später (7.- 8. Jh.), als in Stadt und Land Pfarren entstanden, hatten auch die entsprechenden Kirchen eigene Taufbecken. Die Kathedrale der Diözese Rom war San Giovanni in Laterano, von daher ist ihr Baptisterium das erste und älteste Roms und des gesamten Westens.
Um dorthin zu gelangen, verläßt man die Basilika durch eine Tür an der Stirnseite des rechten Querschiffarms, passiert dann den von Domenico Fontana (1543-1607) für Papst Sixtus V. entworfenen Portikus und geht schließlich links an einem von Leo XIII. errichteten Gebäude aus dem 19. Jh. vorbei. Da Baptisterium, das Johannes dem Täufer geweiht wird, entstand im 4. Jh. auf Veranlassung Konstantins. Wahrscheinlich wurden dafür die Thermen eines römischen Hauses umgebaut. Papst Sixtus III. (432-449) ließ die Taufkapelle völlig erneuern und veranlaßte den Bau einer Vorhalle. Papst Hilarus (461-468) ließ drei Kapellen errichten, von denen heute noch zwei erhalten sind, wenn auch in weitgehend veränderter Form, während die dritte von Domenico Fontana anläßlich der Neugestaltung des Platzes abgerissen wurde. Papst Paul III. (1543-1549) ließ die Kuppel einreißen und den heutigen überdachten Vierungsturm errichten. Letzte Umbauarbeiten nahm Borromini zu Zeiten des Pontifikats von Alexander VII. vor. Der achteckige Innenraum wird gegliedert durch acht kreisförmig angeordnete Porphyrsäulen mit ionischen, korinthischen und Komposit-Kapitellen, die einen Balken abstützen, auf welchem eine zweite Ordnung kleinerer Marmorsäulen ruht. Eine

Zwei Innenansichten der Taufkapelle, mit der Basaltwanne und ihrer formenreichen Bronzeabdeckung

antike Wanne aus grünem Basalt, gekrönt von einem Bronzeaufbau aus dem 17. Jh., bildet das Zentrum des Raums. Im Tambour sieht man Kopien der aus dem 17. Jh. stammenden Leinwandgemälde von Andrea Sacchi, die das Leben von Johannes dem Täufer, des Vorboten Christi, veranschaulichen. Sie ersetzen seit 1960 die Originale. Die Fresken mit Szenen aus dem Leben Konstantins des Großen stammen aus dem 17. Jh. und wurden von Andrea Camassei (1602-1649) und Carlo Maratta (1625-1713) ausgeführt. In den angrenzenden Kapellen und Oratorien befinden sich Überreste, darunter auch Mosaike, aus dem 5. bis 7. Jh. n. Chr. Als äußerst interessant erweist sich die Deckengestaltung in der von Papst Hilarius dem Evangelisten geweihten Johanneskapelle: In ihrer Mitte sieht man ein Gewölbemosaik mit dem Agnus Dei, dem aufrecht stehenden Lamm als Symbol des Auferstandenen. Andere Mosaike derselben Epoche, beispielsweise die Werke in den Basiliken Ravennas, weisen an Stelle des Lamms ein Kreuz auf, als Symbol des Todes und der Auferstehung Christi. Diese im Motiv unterschiedliche aber inhaltlich übereinstimmende Symbolik unterstreicht, auch durch ihre Anbringung in Gewölbemitte, die zentrale Rolle von Jesus Christus in der Heilsgeschichte. Ein weiteres Mosaik befindet sich im Venantius-Oratorium, das von Papst Johannes IV. (640-642) in Auftrag gegeben und unter Papst Theodor (642-649) vollendet wurde. Hier sind die Reliquien der dalmatischen Heiligen Venantius und Domnio aufbewahrt. Das im Original erhaltene Apsismosaik zeigt im oberen Bereich den segnenden Christus zwischen zwei Engeln und darunter die Jungfrau Maria, umgeben von den Aposteln Petrus und Paulus, von Johannes dem Täufer und Johannes dem Evangelisten, von den beiden Märtyrern, denen das Oratorium geweiht ist, und schließlich von den beiden Päpsten, die es errichten ließen. Ergänzt wird die Reihe durch weitere Heilige an der Stirnwand der Apsis, und zwar vier auf jeder Seite. Über ihnen sieht man in jeweils zwei Feldern Mosaike mit den Symbolen der vier Evangelisten und an den Außenseiten die beiden Städte Jerusalem und Bethlehem.

Auch die wunderbare, aus dem 16. Jh. stammende Holzdecke dieser Kapelle ist höchst sehenswert.

Mosaik aus der Mitte des 7. Jhs., *Segnender Christus zwischen zwei Engeln*. Venantius-Oratorium

Mosaiken aus der Mitte des 7. Jhs., *Die hll. Maurus und Septimian*. Venantius-Oratorium

Zum Obelisken und darüber hinaus

Wenn man aus der Taufkapelle von San Giovanni in Laterano tritt, fällt der Blick auf den großen Obelisken, welcher mit seinen 32 m Höhe und 522 Tonnen Gewicht als größter Obelisk der aus ägyptischen Steinbrüchen stammenden Granit-Monolithen Roms gilt. Er kam zu Zeiten Konstantins des Großen aus Ägypten nach Rom und wurde von dessen Sohn Konstantin II. um das Jahr 357 auf der Trennmauer in der Arena des Circus Maximus aufgestellt. Schließlich wurde er als Symbol des Sieges der Christenheit über den antiken Aberglauben geweiht, wie ein an seiner Basis eingraviertes, heute verlorengegangenes vierstrophiges Gedicht besagte, das als Abschrift von Michele Mercati, eines Gelehrten des 16. Jhs., auf uns gekommen ist.

Mehrere Jahrhunderte lang war der Obelisk unter der Erde begraben, bis er 1587, zerbrochen in drei Teile, wiederentdeckt wurde. Man setzte ihn zusammen und stellte ihn in den Wochen vom 6. Juli bis zum 3. August 1588 wieder auf. Papst Sixtus V. weihte ihn am 10. August desselben Jahres und ließ an seiner Spitze ein Bronzekreuz anbringen.

Im Rahmen seiner einschneidenden urbanistischen Neugestaltung hatte derselbe Papst angewiesen, daß die großen Konsularstraßen Roms alle bei San Giovanni in Laterano zusammenlaufen sollten. So stellte der Obelisk einen historischen Überrest dar, der als Machtsymbol schlechthin die alten Hochkulturen untrennbar mit dem Christentum verband. Der Obelisk als Zeichen der Größe des alten ägyptischen Reichs und die Straßen, über welche die römischen Legionen zur Eroberung des antiken Europas vorrückten, beide vereinten sich in der Kathedrale des Papstes und des danebenliegenden Baptisteriums. Die alten Pharaonen und die Imperatoren, die sich einst als Götter verehren ließen, gelangten nun, ohne sich dessen freilich bewußt zu sein, zur Verehrung des wahren Gottes, dessen Stellvertreter auf Erden, gemäß der politisch-theologischen Auffassung der Zeit, der Papst war.

Das Kreuz auf dem Obelisken und die Bekehrung des letzten großen römischen Imperators, der, gemäß besagter Schrift von der Basis des Monolithen, hier getauft worden sein soll, waren nun Zeugen für die Erfüllung und Sinngebung der alten Geschichte und für die Vollendung der gesamten Menschheitsgeschichte im Zeichen des toten und wiederauferstandenen Christus.

Wenn man die Dinge nur von unten betrachtet, könnte man allerdings leicht ein Detail übersehen, das sich aber gleich offenbart, sobald man die Benediktionsloggia bestiegen hat, das Obergeschoß des kleinen Fassadenportikus hinter der Basilika. Von hier aus bemerkt man, daß die von Domenico Fontana 1568 errichtete Fassade genau dem Obelisken gegenüberliegt und daß dieser fast genau in der Achse zur Basilika Santa Maria Maggiore liegt, die man am Ende der heutigen Via Merulana erblickt. Ohne die Phantasie allzusehr zu bemühen, ist einsichtig, daß dies alles zu einem großen, genau überdachten Plan gehört. Die Kathedrale des Papstes, die einst dem Erlöser geweiht wurde, ist mit der Basilika Santa Maria Maggiore verbunden, um durch die enge Beziehung zwischen diesen beiden Kirchen die innige Bindung von Mutter und Sohn zum Ausdruck zu bringen. Dem Pilger, der heute die beiden Basiliken besuchen will, empfehlen wir, die Strecke von Santa Maria Maggiore zum Lateran zu Fuß zurückzulegen. Auch gefühlsmäßig wird er den Eindruck haben, die Geschichte von Jahrtausenden zu durchschreiten, um von den Anfängen der Menschheit durch ihre historischen Wechselfälle und Kulturen dorthin zu gelangen, wo alle Geschichte zusammenläuft: Zum Heiland, der in der Kathedrale des Papstes verherrlicht wird.

Der altägyptische Obelisk aus Granit auf der Piazza San Giovanni in Laterano

San Paolo Fuori le Mura

Zur Geschichte

Die Basilika San Paolo fuori le Mura ist nach St. Peter die größte Kirche Roms. Ihre imposanten Ausmaße werden durch die beträchtliche Entfernung zu den nächsten Gebäuden noch hervorgehoben.

Sie entstand auf Veranlassung von Konstantin dem Großen an jenem Ort, wo nach der Überlieferung der Apostel Paulus bestattet war. Seit jeher ist diese Kirche Ziel der unablässig aus allen Teilen der Welt herbeiströmenden Gläubigen und Pilger, die hierher kommen, um den Heidenapostel zu verehren. Bis zum Beginn des 19. Jhs. hatte die bezaubernd wirkende frühchristliche Patriarchalbasilika die Zeit weitgehend unversehrt überdauert. Dann wurde sie im Jahre 1823 bei einem furchtbaren Brand fast völlig zerstört.

Der Anblick des heutigen Baudenkmals in all seiner Kostbarkeit und seinem unbestreitbaren feierlichen Ernst, der dem Gebäude nach langen und mühseligen Wiederaufbauarbeiten nun eigen ist, vermag allerdings die Erinnerung an die alte Basilika nicht auszulöschen.

Von diesem Gebäude zeugen heute noch in eindringlicher Weise einige Gemälde und Stiche.

Detail des Mosaiks des *Hl. Paulus* auf der Rückwand des Triumphbogens

Auf der nebenstehenden Seite: Pietro Francesco Garola, *Innenansicht der Basilika San Paolo fuori le Mura*. Turin, Galleria Sabauda

S. 92-93, Triumphbogen der Galla Placidia und das Mosaik der Apsiswölbung

Die Paulus-Verehrung nahm ihren Anfang bei seiner letzten Ruhestätte in einer Gegend mit dem Namen „ad aquas Salvias", heute als „Tre Fontane" bekannt, nahe des linken Tiberufers an der Via Ostiense, rund zwei Kilometer jenseits der Aurelianischen Mauer.

Nach seinem Martyrium (67 n. Chr.) wurde der hl. Paulus (wie vor ihm schon der hl. Petrus) in einer „cella memoriae", einem Erdbegräbnis, bestattet. Mit dem Toleranzedikt von Mailand, das den Christen im Jahre 313 Religionsfreiheit zuerkannte, ließ Konstantin der Große über den beiden schlichten Apostelgräbern Memorialstätten errichten.

Das dem hl. Paulus geweihte Gebäude wurde, gemäß der Überlieferung, am 18. November 324 von Papst Silvester I. geweiht.

Das Gotteshaus war freilich nicht so prächtig und großartig wie jenes, das dem Gedenken des hl. Petrus geweiht war. Aus diesem Grunde ließen die römischen Kaiser Valentinian II. (371-392), Theodosius (347-395) und Arcadius (377-408) das Grab des hl. Paulus noch in demselben Jahrhundert prunkvoller ausstatten, indem sie eine ganz neue Kirche errichteten, die auch die Drei-Kaiser-Basilika genannt wird. Papst Siricius (384-399) weihte sie im Jahre 390.

Bei der neuen Basilika handelte es sich um ein fünfschiffiges, von 80 kolossalen Säulen untergliedertes Gotteshaus. Galla Placidia (um 390-450), die Tochter von Theodosius und Schwester von Kaiser Honorius (395-423), ließ über dem Triumphbogen ein großes, noch heute vorhandenes Mosaik anbringen, das allerdings zwischen dem 8. und 11 Jh. erneuert und auch später noch mehrfach überarbeitet worden ist.

Durch den Standort der Basilika in Nähe des Tibers kam es zu zahlreichen Plünderungen, etwa seitens der Lombarden im Jahre 739 und der Sarazenen im Jahre 847, durch welche die Kirche vieler Werke und kostbarer Geräte beraubt wurde. Aus Furcht vor weiteren Einfällen ließ Papst Johannes VIII. (872-882) um die Kirche eine Festung errichten, in deren Mauern recht bald ein kleines Dorf entstand, das, nach dem Papst, „Giovannipoli" genannt wurde. Ähnliche Maßnahmen waren einige Jahre früher auch an der Peterskirche getroffen worden: Papst Leo IV. (847-855) hatte zum Schutz der Basilika Befestigungsmauern hochziehen lassen.

Die ersten Instandsetzungsarbeiten der Kirche sind für das 5. Jh. bezeugt. Von da an folgten zahlreiche Reparaturen und Verschönerungen aufeinander, stets im Auftrag der Päpsten, welche sich seit jeher der Verehrung dieses Apostels verbunden fühlten. Insbesondere Gregor der Große (590-640) und Leo III. (795-816) verwendeten sich für die Gestaltung des Altarbereichs und die kostbare Ausstattung des Kircheninnenraums. Im Verlauf des 11. Jhs. wurde die Kirche um zwei maßgebliche Werke bereichert, und zwar einen Glockenturm, der den Brand von 1823 überstand, dann aber doch zerstört wurde, um einem moderneren zu weichen, und ein byzantinisches Bronzeportal von

Theodorus aus Konstantinopel, Byzantinisches Bronzeportal, Detail mit der *Kreuzigung des hl. Petrus*

Nicola D'Angelo und Pietro Vassalletto, Osterleuchter, Detail

ausgesuchter Schönheit, das Pantaleone von Amalfi 1070 stiftete. Dieses Portal schmückte lange Zeit den Haupteingang der Kirche, bis es 1967 verlegt wurde, um seither das Jubeltor zu verschließen.

Im 13. Jh. erreichte die Basilika den Höhepunkt ihrer Pracht. Nicola D'Angelo und Pietro Vassalletto schufen den Osterleuchter, das Mosaik des Apsisgewölbes und den herrlichen Kreuzgang.

Zu Zeiten von Papst Johannes XXII. (1316-1334) malte Pietro Cavallini (nachgewiesen von 1273 bis 1321) die Fresken im Mittelschiff, während Arnolfo di Cambio (um 1245-1302) das Ziborium über dem Hauptaltar errichtete. Aber schon mit Beginn des 16. Jhs. waren die Zeichen der Zeit augenfällig: die Kirche wies deutliche Verfallserscheinungen auf. Papst Bonifatius IX. (1389-1404) verfügte deshalb, daß ein Teil der Einnahmen aus den Ablässen der Kirchenrestaurierung zugute kommen sollte.

Auch in den folgenden Jahrhunderten veranlaßten die Päpste immer wieder Instandsetzungs- und Verschönerungsarbeiten an der Kirche.

Insbesondere Klemens VIII. (1592-1605) bemühte sich um San Paolo fuori le Mura, indem er neue Altäre errichten ließ, unter anderem den der hl. Brigitte und den Hauptaltar, der Onorio Longhi zugeschrieben wird. Derselbe Papst gab bei Carlo Maderno (1556-1629) die Sakramentskapelle in Auftrag, die heute dem hl. Laurentius, einem der ersten Märtyrer der römischen Kirche, geweiht ist, der nach der Überlieferung auf einem eisernen Rost bei kleiner Flamme verbrannt worden ist.

1724 wurde schließlich die Kreuzkapelle für das wundertätige Kruzifix aus dem 14. Jh. errichtet, das ursprünglich Pietro Cavallini zugeschrieben wurde, heute aber für ein Werk aus der Sieneser Schule gehalten wird.

Der Wiederaufbau nach der Feuersbrunst

Das dramatischste Ereignis in der Geschichte der Kirche, das praktisch den Wiederaufbau der gesamten Basilika erforderlich machte, trug sich in der Nacht vom 15. auf den 16. Juli des Jahres 1823 zu. Eine gewaltige Feuersbrunst, die vielleicht im Zuge von Reparaturarbeiten am Dach durch die Unachtsamkeit der Arbeiter ausgelöst worden war, zerstörte einen Großteil des Gotteshauses und der darin enthaltenen kostbaren Werke.

Die vielen sogleich Herbeieilenden waren fassungslos über das Ausmaß des Feuers, des Rauchs und der Asche. Das Schauspiel ähnelte, wie ein Augenzeuge berichtete, „...gleichsam einem schrecklicher Vesuv". Dem auf dem Sterbebett liegenden Papst Pius VII. (1800-1823) wurde die Nachricht von diesem Unglück vorenthalten. Er starb schließlich am 20. August, so daß die beschwerliche Aufgabe des Wiederaufbaus seinem

Der Heidenapostel Paulus

Dem Apostel Paulus verdankt die Christenheit in besonderem Maße die Verbreitung ihres Glaubens in der griechisch-römischen Welt. In seinen Briefen und der biblischen Apostelgeschichte befinden sich zahlreiche Hinweise auf sein Leben, sein Denken und sein Handeln. Über keinen anderen Apostel ist soviel bekannt. Geboren wurde er im Jahre 10 n. Chr. in der kilikischen Stadt Tarsus, deren Bewohner das römische Bürgerrecht genossen. Er war Sohn einer jüdischen Familie und anfänglich ein überzeugter und erbarmungsloser Verfolger der jungen christlichen Kirche.

Auf seinem Weg nach Damaskus wurde er durch die Erscheinung des wiederauferstandenen Christus bekehrt und auf diese Weise zum entschiedensten Verkünder des christlichen Glaubens. Seine Predigten führten ihn nach Zypern, Pamphylien, Pisidien und Lykaonien.

Vierzehn Jahre nach seiner Bekehrung nahm er aktiv am ersten Kirchenkonzil in Jerusalem teil, wo, durch seinen maßgeblichen Beitrag, die Stellung der Heidenchristen zum jüdischen Gesetz festgesetzt wurde: Demnach waren die vom Heidentum zum Christentum Konvertierten nicht verpflichtet, sich den jüdischen Riten (etwa der Beschneidung) zu unterwerfen. Bei dieser Gelegenheit wurde er von den anderen Jüngern offiziell als Heidenapostel gewürdigt. Er verließ Jerusalem erneut, um auf zwei Reisen praktisch alle großen Städte an den Mittelmeerküsten Griechenlands und des Mittleren Ostens zu besuchen.

58 n. Chr. wurde er in Jerusalem festgenommen und bis zum Jahre 60 n. Chr. in Caesarea gefangengehalten. Von dort aus schickte ihn der römische Prokurator Festo in die Hauptstadt, wo ihm der Prozeß gemacht werden sollte. Als sich seine Unschuld erwiesen hatte, wurde er 63 n. Chr. freigelassen und begab sich erneut auf Reisen, die ihn vielleicht bis nach Spanien führten, an den äußersten Rand der bekannten Welt. Um 67 n. Chr. starb er in Rom den Märtyrertod. Nach der Überlieferung wurde ihm mit einem Schwert der Kopf abgeschlagen. Eine Legende besagt, daß der Kopf, als er zu Boden fiel, dreimal aufschlug und daß an diesen Stellen drei Quellen aus dem Boden sprudelten. Über dem vermutlichen Ort seines Martyriums errichtete man eine Basilika, die deshalb „Tre Fontane" (Drei Quellen) hieß. Seine sterblichen Überreste wurden in der Nekropole an der Via Ostiense bestattet. Die Reliquien des Heiligen befinden sich heute in der Krypta der ihm geweihten Basilika.

Flemischer Wandteppich aus dem 16. Jh. mit dem *Hl. Paulus, der in Athen predigt*, Vatikanische Pinakothek

Nachfolger Leo XII. (1823-29) anheimgestellt war. In den Folgemonaten entbrannte eine heftige Debatte um die Art und Weise des Wiederaufbaus, an welcher Architekten, Archäologen und berühmte Wissenschaftler beteiligt waren. Zwei Parteien standen einander unversöhnlich gegenüber: während die einen die alte Kirche getreu rekonstruieren wollten, befürworteten die anderen ein ganz neues Kirchengebäude. Unter den Vorschlägen der zweiten Gruppe zeichnete sich das Projekt des Architekten Giuseppe Valadier (1762-1839) aus, der kurzzeitig die Bauleitung innehatte. Doch am 23. November des Jahres 1825 entschied der Sonderausschuß für die Wiedererrichtung der Kirche, die Leitung der Arbeiten dem Architekten Pasquale Belli (1752-1833) zu übergeben, der mit seinen Mitarbeitern für eine Rekonstruktion der früheren Basilika eintrat - in völliger Übereinstimmung mit den Ansichten des Papstes.

Als Belli 1833 starb, übernahm Luigi Poletti (1792-1869) die Bauleitung und brachte das Werk fast zu Ende.

Der Papst der heutigen Basilika, Leo XII.

Einen Monat nach dem Tod seines Vorgängers, Papst Pius VII., wurde Kardinal Annibale Sermattei della Genga, der seit drei Jahren Vikar in Rom war, zum Papst gewählt. Er gab sich den Namen Leo XII. (1823-1829).
Der neue Papst sah sich sogleich mit der Aufgabe konfrontiert, den Wiederaufbau der Basilika in die Wege zu leiten, die in der Nacht vom 15. auf den 16. Juli, also rund zwei Monate vor seiner Wahl, weitgehend in Flammen aufgegangen war.
Leo XII. war von starker und energischer Natur, er leitete die Kirche mit autoritärem Stil und streng konservativer Haltung. Diese ihn kennzeichnenden Züge waren gewiß hilfreich, um sich rasch und entschieden dem Wiederaufbau zu widmen, der sich sowohl im Hinblick auf die Basilika als auch bezüglich der damaligen politischen Lage Europas schwierig gestaltete.
Im Heiligen Jahr 1825, das der Papst gegen viele Widerstände mit unbeugsamen Willen durchsetzte und das sich schließlich als ein großer, alle Erwartungen übersteigender religiöser Erfolg erwies, in jenem Jahr also rief Leo XII. alle Bischöfe der Welt dazu auf, die Christenheit von der Notwendigkeit eines Wiederaufbaus der dem Apostel Paulus geweihten Basilika zu überzeugen.
Bei den Vorüberlegungen, welche Kriterien beim Neuaufbau der Kirche anzuwenden seien, traten zwei gegensätzliche Tendenzen zutage. Einige, unter ihnen auch der Papst, wollten die frühchristliche Anlage rekonstruieren; andere schlugen den Bau einer völlig neuen Kirche vor. Es ist mit Blick auf den Charakter des Papstes unschwer zu erraten, daß seine Ansicht die Oberhand gewann.
Am 10. Dezember 1854 konnte Papst Pius IX. (1846-1878) die neue Kirche San Paolo fuori le Mura weihen, aber es bedurfte vieler weiterer Jahre, bis die Bauarbeiten abgeschlossen waren.

Bei den Arbeiten wurde der Grundriß der frühchristlichen Anlage beibehalten, während die meisten mittelalterlichen Überreste zerstört wurden. Am 5. Dezember 1854 weihte Pius IX. (1846-1878) den Confessio-Altar und wenige Tage später, am 10. Dezember, die gesamte neue Basilika. Doch sollten noch viele Jahre vergehen, bevor diese Kirche ihr endgültiges Aussehen erhielt. Im Außenbereich wurden die Fassadenmosaike vollendet, sodann der vierseitige Portikus und die Taufkapelle errichtet, während im Inneren der Basilika die Ausmalung der Seitenschiffwände und, im oberen Bereich des Mittelschiffs, der Mosaikfries mit den Bildnissen der Päpste und ein Freskenzyklus mit *Szenen aus dem Leben des hl. Paulus* anstanden. Mit der Verlagerung der byzantinischen Tür, die seit 1967 das Jubeltor verschließt, endete vorerst die künstlerische Ausgestaltung der rekonstruierten Basilika an der Via Ostiense.
„Wiedererstanden aus der Asche des schrecklichen Brandes von 1823 und im Zuge von mehr als einem Jahrhundert auf den alten Fundamenten neu errichtet - unter Beteiligung der ganzen Welt, und damit in völliger Übereinstimmung mit der Botschaft des Heidenapostels - ist die neue Basilika sowohl von außen als auch von innen, in den Proportionen, der Materialwahl, den Farben und im Licht, eine vom Stile des 19. Jhs. geprägte Nachempfindung eines klassisch-christlichen Gotteshauses" (Krautheimer, 1980).
Die neue Basilika, deren Grundriß ein lateinisches Kreuz beschreibt, ist in fünf Schiffe mit 4 Reihen von je 20 Säulen unterteilt. Sie mißt 131 m in der Länge, 65 m in der Breite und ist 30 m hoch.

Der Außenbereich der Basilika

Man betritt die Kirche San Paolo fuori le Mura, wie schon früher, durch einen vierseitigen Säulenvorhof. Der heutige Portikus erweist sich allerdings mit seinen 70 m Breite und insgesamt 146 Säulen als sehr viel Ehrfurcht gebietender und weitläufiger als zuvor. Entworfen um 1868 von Luigi Poletti, wurde er zwischen 1890 und 1928 von Guglielmo Calderini (1837-1916) ausgeführt. In seiner Mitte thront, zwischen Blumenbeeten und Palmen, die gestrenge Figur des hl. Paulus, ein Werk von Giuseppe Obici (1807-1878). Der Apostel hält in einer Hand das Schwert, als Zeichen seines Martyriums, und in der anderen das Buch, das seine Tätigkeit als Verkünder des in schriftlicher und mündlicher Form überlieferten Wortes Gottes hervorhebt.

Man sieht den hl. Paulus auch im Fassadengiebel der Basilika, und zwar zur Linken der thronenden Christusfigur, während zur Rechten des Erlösers der hl. Petrus zu erkennen ist. Das nach Vorzeichnungen von Filippo Agricola (1795-1857) und Nicola Consoni (1814-1884) zwischen 1854 und 1874 vom Studio Vaticano vollendete Fassadenmosaik zeugt von einem gewissen, das 19. Jh. kennzeichnenden Manierismus, der Geist und Kraft der alten frühchristlichen Mosaikkunst vermissen läßt. In der Mitte des Mosaikstreifens sieht man Christus

Zwei Ansichten der Kirche San Paolo fuori le Mura mit dem vierseitigen Portikus im Vordergrund

als Agnus Dei auf einem Berg mit vier hervorquellenden Bächen, an denen sich zwölf Lämmer laben - als Sinnbild der auf den zwölf Aposteln gründenden Kirche. Darunter, zwischen den abgerundeten Fenstern, befinden sich Darstellungen der vier großen Propheten, Jesaia, Jeremia, Ezechiel und Daniel, die das Kommen des Erlösers im Alten Testament verkündet haben. Ein weitläufiges Vestibül mit Kassettendecke, das durch drei Portale den Eintritt in den Kircheninnenraum frei.

Die Portale

In der kirchlichen Liturgie dient die Tür nicht nur praktischen Zwecken sondern hat auch Symbolwert. Im Evangelium bezeichnet sich Christus selbst als Tür, durch die man - in deutlichem Bezug auf ein Leben nach dem Tod - zu „fruchtbaren Weiden" gelangen kann.
Daher werden die Türflügel der Kirchen vielfach von der Hand großer Künstler mit Basreliefs ver-

Auf der nebenstehenden Seite: Die Fassade der Kirche San Paolo fuori le Mura mit dem Mosaik vom Studio Vaticano

Theodorus von Konstantinopel, Byzantinisches Bronzeportal, Detail

Der Architekt der neuen Basilika: Luigi Poletti

Luigi Poletti (1792-1869) wurde in Modena geboren und erlernte die Grundlagen der Baukunst und -technik an der Accademia Clementina Bolognas. 1818 wurde ihm durch finanzielle Zuwendungen des Herzogs von Modena ermöglicht, seine Ausbildung in Rom fortzusetzen und zum Abschluß zu bringen. Hier arbeitete er unter anderem mit Raffaele Stern (1764-1820) zusammen, der in jenen Jahren den Neuen Flügel des vatikanischen Chiaramonti-Museums errichtete.
Durch diese Tätigkeit machte er sich in den Kreisen des Heiligen Stuhls bekannt, die ihm verschiedene Aufträge erteilten. Als er 1833 mit der Restaurierung des Laterans befaßt war, wurde ihm die Möglichkeit der Bauleitung an der fast völlig verbrannten Basilika San Paolo fuori le Mura in Aussicht gestellt. Es war dies zweifellos der umfassendste, gewichtigste Auftrag in Polettis Werdegang und sollte ihn bis zum Tode beschäftigen.
Der Architekt des Wiederaufbaus orientierte sich bei seinen Entwürfen weitgehend an seinen Studien der römischen Klassik. Das heutige Baudenkmal erweist sich daher zwar als gewaltig und großartig in der Formgebung, aber von kühler Ausstrahlung. Sie ist weit entfernt vom Geiste der frühchristlichen Basilika. Poletti baute auch die Kirche Santa Maria degli Angeli in Assisi wieder auf, die 1832 bei einem Erdbeben zerstört worden war, und das berühmte römische Monument auf der Piazza Navona, das der Unbefleckten Empfängnis (1854-1856) gewidmet ist. Er war einer der führenden Meister jener Architektengeneration, die gegen Mitte des 19. Jhs. in Rom und ganz Italien tätig wurde.

Antonio Maraini, Mittelportal der Basilika

ziert, die gleichermaßen als Schmuck und Sinnbild dienen.
Von den drei Türen der Basilika, die auf das Vestibül hinausgehen, ist die rechte (wenn man vor der Fassade steht) die weitaus älteste und zugleich bedeutendste. Sie wird einfach als Byzantinische Tür bezeichnet, aufgrund des Stils, in dem sie ausgeführt wurde. Wie bereits gesagt, fungierte sie einst als Hauptportal der Basilika und wurde erst später, nach dem Wiederaufbau infolge der schweren Brandschäden von 1823, an die heutige Stelle versetzt, um das Jubeltor zu verschließen (1967).
Urheber dieser Tür, die als eine der schönsten ihrer Art gilt, war ein gewisser Theodorus aus Konstantinopel. Einige Inschriften nennen auch den Namen des Bronzegießers Staurachius und das Datum 1070. Das Werk wurde von Konsul Pantaleone aus Amalfi in Auftrag gegeben, der auf einem der 54 Täfelchen dieser Tür dargestellt ist.
Die Familie der Pantaleone gehörte zu den vornehmsten Geschlechtern Amalfis. Bekannt ist, daß dieser Konsul noch weitere zwei bedeutende Bronzetüren in Konstantinopel bestellte, und zwar die Tür des Doms von Amalfi und die Tür der Wallfahrtsstätte zu Ehren des Erzengels Michael

in Monte Sant'Angelo. Außerdem ist überliefert, daß auch sein Vater eine berühmte Tür, und zwar für die Abtei von Montecassino, anfertigen ließ.

Die in Silberintarsien auf Bronze ausgeführten Darstellungen der Türflügel schildern von oben nach unten die Geschichte Christi von seiner Geburt bis zum Pfingstfest, gefolgt von Abbildungen der Propheten und Apostel. Ikonographisch sind die Szenen, insbesondere die Kreuzigung, byzantinischen Mosaikzyklen nachempfunden.

Die beiden auf den unteren Tafeln, in den Ecken der Tür, dargestellten Adler sind von auserlesener Schönheit.

Das zwischen 1929 und 1931 von dem Bildhauer Antonio Maraini (1886-1963) ebenfalls in Bronze ausgeführte Hauptportal der Basilika hat riesige Ausmaße: Es ist 7,48 m hoch und 3,35 m breit.

Der Benediktinerabt Ildefonso Schuster, ein namhafter Kenner der Liturgik, der später das Amt des Erzbischofs von Mailand bekleidete, entwarf das ikonographische Programm zu dieser Tür. Man sieht ein großes, mit Reblingen und Silberintarsien verziertes Kreuz, um welches die zwölf Apostel und die Symbole der vier Evangelisten angeordnet sind.

Zu Seiten des Kreuzes werden, in fünf Feldern pro Seite, *Szenen aus dem Leben der hll. Petrus und Paulus in Rom* geschildert, die jeweils mit dem Martyrium des Heiligen abschließen.

Als äußerst interessant erweisen sich die beiden Darstellungen Christi in der Mitte der beiden Türflügel. Sie sind, zur deutlicheren Hervorhebung, in getriebenem Silber ausgeführt.

Während Jesus auf dem rechten Flügel Petrus zum Haupt der Kirche ernennt, bekehrt er zur Linken Paulus auf dessen Weg nach Damaskus

Theodorus von Konstantinopel, Byzantinisches Bronzeportal, Detail der Adler-Tafel

Der Innenraum der Basilika

Der Eindruck monumentaler Räumlichkeit, welchen San Paolo fuori le Mura, eine der größten Basiliken der Welt, in ihrem Inneren vermittelt, entsteht sowohl durch die symmetrische Anordnung der achtzig weißen Marmorsäulen als auch durch den Spiegeleffekt des Fußbodens.

Die sorgfältige und wohldurchdachte Wahl aller Einzelheiten der Innenausstattung, die auf Luigi Poletti zurückgeht, vermag allerdings, nach Meinung vieler, nicht den kühlen, akademischen Formalismus zu überwinden.

Die fünfschiffige Basilika ruht auf einem 90 Zentimeter über das Bodenniveau der alten Kirche angehobenen Fußboden, der zunächst, unter Verwendung kostbarer Marmorplatten der alten Basilika, im Querhaus fertiggestellt wurde und dann in den Schiffen, wo sich runde und quadratische Platten aus grünem Marmor und rotem Granit abwechseln. Vom Boden aus verbreitet sich in der ganzen Basilika ein diffuses Licht.

Die ältesten Teile des Gebäudes sind, auch wenn vielfach überarbeitet und restauriert, die Apsis und der Triumphbogen, vor dem auf Marmorsockeln die Statuen der *hll. Petrus und Paulus* aufgestellt sind. Die Figuren der anderen Apostel befinden sind in eigens dafür geschaffenen Nischen der äußeren Seitenschiffe. Keine dieser Statuen verdient besondere Aufmerksamkeit in kunsthistorischer Hinsicht, vielmehr unterscheiden sie sich kaum von einfachen akademischen Übungsstücken.

In der Mitte der reich dekorierten Decke sieht man die Wappen der Päpste, die zum Wiederaufbau der Basilika beigetragen haben.

Darunter, zwischen den von Lisenen mit korinthischen Kapitellen gerahmten Fenstern, sieht man einige Fresken mit *Szenen aus dem Leben des hl. Paulus*. Die 36 Episoden, die auf die Apostelgeschichte zurückgehen, wurden 1857 von Pius IX. in Auftrag gegeben und sollten die früheren, sehr viel wertvolleren Stücke von Pietro Cavallini ersetzen, die bei dem Brand zerstört bzw. von

Mittelschiff zum Ziborium hin

S. 106-107, Ansicht des Querhauses mit dem Ziborium im Vordergrund

Pasquale Belli 1828 abgerissen worden waren. Eine Schar von 22 Künstlern, unter denen sich auch der bekanntere Francesco Podesti befand (1800-1895), schufen diese Bilder in nur drei Jahren. Weiter oben halten zwei geflügelte Putten über jedem Bildfeld die lateinische Beschreibung der darunter dargestellten Szene.

An der Innenfassade bemerkt man sechs wunderschöne, jeweils rund 8 m hohe Alabastersäulen. Es handelt sich um ein Geschenk für den Wiederaufbau der Basilika, das der ägyptische Vizekönig 1840 Papst Gregor XVI. überreichte. Die beiden mittleren Säulen stützen einen Trägerbalken ab, auf welchem das riesige Marmorwappen von Pius IX. aufliegt, das Giosuè Meli geschaffen hat.

Einer der beiden von Zar Nikolaus I. gestifteten Malachit-Altäre an den Stirnseiten des Querhauses

Die Papstbildnisse

Unter den Fenstern des Mittelschiffs und in den Seitenschiffen sieht man eine Reihe von Mosaikbildnissen der Päpste, vom hl. Petrus bis in unsere Tage. Es ist seit der Zeit von Leo dem Großen (440-461) Brauch, daß beim Tode eines Papstes das Porträt seines neu erwählten Nachfolgers hinzugefügt wird.

Aus dem Mittelalter und der frühen Neuzeit sind aber nur noch 41 gemalte Bilder erhalten, die abgenommen wurden und heute im Museum der Basilika ausgestellt sind.

Papst Pius IX. veranlaßte 1947 die Wiederherstellung dieser Bildnisse, die allerdings nicht, wie einst, als Freskenmalerei, sondern in Mosaiktechnik ausgeführt sind. Den daraufhin entstandenen Mosaiken lagen Ölgemälde zugrunde: Dieselben werden heute im Depot der Kirchenfabrik von St. Peter aufbewahrt, die einst die gesamte Serie erwarb. Die Arbeiten standen unter der Leitung von Filippo Agricola, dem Direktor des Studio Vaticano del Mosaico. Neben dem unzweifelhaften dokumentarischen Wert kommen diese Bildnisse überdies einem historisch-theologischen Bedürfnis entgegen. Sie erleichtern die Datierung der einzelnen Pontifikate und machen die ununterbrochene Nachfolge seit Petrus (die apostolische Sukzession also) bis hin zum letztlebenden Papst sinnfällig, der damit als rechtmäßiger Nachfolger des ersten Apostels und ergo als wichtigster kirchlicher Vertreter Christi ausgewiesen wird.

Querschnitt durch die Kirchenschiffe mit den runden Papstbildnissen

Das Mosaik des Triumphbogens und das Apsismosaik im Hintergrund

Das Mosaik des Apsisgewölbes

Auch das Mosaik des Apsisgewölbes trug bei dem Brand von 1823 schwerste Schäden davon. Erst 1836 begannen die Wiederherstellungsarbeiten, bei denen einige unversehrt gebliebene Originalfragmente in die ansonsten äußerst getreue, um Wiederbelebung des alten Bildes bemühte Nachahmung eingefügt wurden. Andere Teile des alten Mosaiks, auf denen Apostelköpfe und Vögel erkennbar sind, befinden sich heute hingegen im Museum bei der Basilika. Das Originalmosaik soll im Zeitraum zwischen dem zweiten und dritten Jahrzehnt des 13. Jhs. von venezianischen Meistern ausgeführt worden sein, die Papst Honorius III. nach Rom hatte kommen lassen. Nach wie vor sieht man also im Zentrum des Apsisgewölbes Christus auf einem Thron, der sich über einer von Blumen und Tieren belebten Wiese erhebt, umgeben von den hll. Petrus und Andreas zu seiner Rechten bzw. von dem hl. Paulus und dessen antikem Biographen, dem Evangelisten Lukas nämlich, der auch die Apostelgeschichte verfaßte, zur seiner Linken. Vor Christus, nahe seines rechten Fußes, hat sich, umhüllt von einer weißen Kasel, der Papst in einem Gestus der Anbetung und völligen Ergebenheit niedergeworfen. Es handelt sich um Papst Honorius III., den Auftraggeber des alten Mosaiks.
Im unteren Teil befindet sich die Darstellung des „Hetimasias", also des leeren Throns mit den Passionszeichen (Kreuz, Dornenkrone und Nägel), über fünf unschuldigen Heiligen und zwei kniend festgehaltenen historischen Persönlichkeiten aus der Zeit von Honorius III., und zwar dem Bischof Adinolfo und dem Abt Giovanni Caetani.
Dieses Apsisgewölbe markiert die zumindest vorübergehende Wiederbelebung monumental angelegter Mosaikkunst, die schon Jahrhunderte zuvor zum festen Kanon des Kirchenschmucks gehörte und stets im Dienste des Glaubens und seiner Inhalte stand. So ging es beispielsweise hier, in der Apsis von San Paolo fuori le Mura, darum, die zentrale Funktion von Jesus Christus im Heilsplan hervorzuheben und die Zeugenschaft der Apostel und Heiligen zu unterstreichen, die für ihn das eigene Leben geopfert hatten.
Daß Paulus zur Rechten Christi dargestellt ist, mag erstaunen, da dieser Ort sonst eigentlich dem hl. Petrus vorbehalten ist. Da wir uns allerdings in einer dem hl. Paulus geweihten Basilika befinden, scheinen die Urheber hier von der ikonographischen Gewohnheit einmal abgesehen zu haben.

Das Mosaik des Triumphbogens der Galla Placidia

Das Mosaik der Galla Placidia (um 390 - 450), so genannt nach der Schwester von Kaiser Honorius, wurde unter dem Pontifikat von Leo dem Großen etwa zeitgleich mit dem entsprechenden Werk in Santa Maria Maggiore ausgeführt.
Im 8. Jh. wurde es runderneuert und auch später noch mehrfach restauriert. Der gewaltige Brand von 1823 hat ihm viel von seinem früheren Glanz genommen.
Das große Mosaik über dem Triumphbogen schildert geradezu buchstäblich die Passage der *Offenbarung*, in welcher von den ersten großen prophetischen Visionen die Rede ist: „Danach sah ich: Eine Tür war geöffnet am Himmel. (...) Und vor dem Thron war etwas wie ein gläsernes Meer, gleich Kristall. Und in der Mitte, rings um den Thron, waren vier Lebewesen (...). Das erste Lebewesen glich einem Löwen, das zweite einem Stier, das dritte sah aus wie ein Mensch, das vierte glich einem fliegenden Adler. (...) Sie ruhen nicht, bei Tag und Nacht, und rufen: Heilig, heilig, heilig ist der Herr, der Gott, der Herrscher über die ganze Schöpfung; er war, und er ist, und er kommt.
Und wenn die Lebewesen dem, der auf dem Thron sitzt und in alle Ewigkeit lebt, Herrlichkeit und Ehre und Dank erweisen, dann werfen sich die vierundzwanzig Ältesten vor dem, der auf dem Thron sitzt, nieder und beten ihn an, der in alle Ewigkeit lebt. Und sie legen ihre goldenen Kränze vor seinem Thron nieder und sprechen: Würdig bist du, unser Herr und Gott, Herrlichkeit zu empfangen und Ehre und Macht. Denn du bist es, der die Welt erschaffen hat, durch deinen Willen war sie und wurde sie erschaffen. (*Offb.* 4,1; 4,6-10)
Erneut tritt uns Christus als der Erlöser vor Augen. Mit Gottvater auf eine Stufe gestellt, wird er zum Richter der Menschen und der Welt.
Auf der Innenseite des Triumphbogens sieht man die Reste der Cavallini zugeschriebenen Mosaikverkleidung (14. Jh.), die einst die Fassade der alten Basilika schmückte. In dem von zwei Engeln

Rückansicht des Triumphbogens mit den originalen, restaurierten Mosaiken von Pietro Cavallini

Das Ziborium des Arnolfo di Cambio und die beiden in den Ecknischen befindlichen Statuen des *Hl. Petrus* und des *Hl. Paulus* im Detail

gehaltenen Schild in der Mitte trifft man erneut auf eine Darstellung des segnenden Christus.

An der alten Fassade waren, zwischen den Fenstern, außerdem der hl. Paulus, die Jungfrau mit dem Kind, Johannes der Täufer und der hl. Petrus abgebildet.

Das Altarziborium

Das Ziborium, das den Brand von 1823 auf wunderbare Weise überstanden hat, ist ein Werk höchster künstlerischer Erlesenheit und zugleich das wichtigste erhaltene Stück der mittelalterlichen Ausstattung.

Trotz unvermeidlicher Restaurierungen, man denke etwa an die Erneuerung der vier tragenden Säulen, ist das Ziborium nach wie vor als authentisches Werk von Arnolfo di Cambio (1245 - um 1302) anzusehen.

Es wurde 1285 vom Abt Bartolomeo (1282-1297) gestiftet und zeugt vom Vordringen des für Rom neuen, nämlich gotischen Stilempfindens in der Bildhauerkunst des späten 13. Jhs.

Über den vier roten Porphyrsäulen erhebt sich ein reich mit Flachreliefs und Mosaikschmuck verzierte Gefüge.

Die Flachreliefs zeigen *Adam und Eva*, das *Opfer von Kain und Abel*, sowie den *Abt Bartolomeo, der dem hl. Paulus das Ziborium überreicht*. In den Seitennischen befinden sich die Statuen der Heiligen Petrus, Paulus, Timotheus (eines Schülers des hl. Paulus) und Benedikt. Letzterer begründete den nach ihm benannten Orden, dessen Mitglieder im anliegenden Kloster leben und heute, wie schon vor Zeiten, die Messen der Basilika feiern.

Die schildartig gerundeten Mosaike enthalten Tierfiguren.

Das Ziborium erhebt sich über dem päpstlichen Altar, während sich darunter die Confessio, der heiligste Raum der ganzen Basilika mit dem Grab des Apostels Paulus, befindet. Man gelangt dorthin über eine Doppeltreppe, die von einem weißen, stilistisch auf Vorbilder frühchristlicher Basiliken zurückgehenden Marmorgeländer gerahmt ist.

Neben dem Grabmal des hl. Paulus werden die sterblichen Überreste des hl. Timotheus aufbewahrt: Er gilt, zusammen mit Titus, als der Lieblingsjünger des Apostels. In drei Briefen, und zwar zwei an Timotheus und einen an Titus, welche die Kirche als geoffenbarte Texte der Heiligen Schrift in Ehren hält, zeigt sich die große Zuneigung, die Paulus den Jüngern gegenüber hegte. Er ermutigte sie, der erhaltene Botschaft treu zu bleiben, und er gibt jedem von ihnen Ratschläge, die auch heute, nach zweitausend Jahren Kirchengeschichte, einen jeden Christen zu erleuchten vermögen.

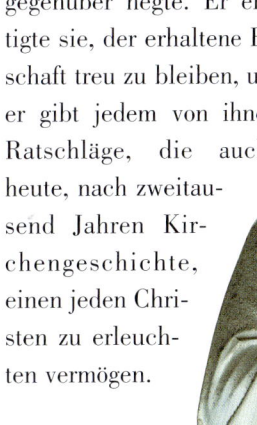

Nicola D'Angelo und Pietro Vassalletto, Osterleuchter; rechts, Ansicht der Kreuzkapelle

Der Osterleuchter

Links neben dem päpstlichen Altar, im Querhaus der Basilika, können wir einen Kerzenleuchter aus Marmor von großer kunsthistorischer Bedeutung bewundern, der den Brand heil überstanden hat. Diese Art von Marmorleuchter in Form einer reliefierten Säule fand seit dem 10. Jh. Verbreitung und diente dem Zweck, bei der Osterliturgie am Karsamstag die Osterkerze zu halten, als ein Sinnbild für Christus, der, wie die Liturgie besagt, „das Licht der Welt" ist.

Der Leuchter ist schon aufgrund seiner Ausmaße von gut 5,6 m Höhe, nicht minder aber wegen der herrlichen, auf sechs horizontalen Bändern angeordneten Ausschmückung am Schaft höchst bemerkenswert. Auf ein Band mit Pflanzen- und Tiermotiven folgt jeweils ein Streifen mit Schilderungen des Leidens und der Auferstehung Christi. Am Fuße dieses christologischen Zyklus befinden sich die Namen der beiden Künstler, Nicola D'Angelo und Pietro Vassalletto, die im frühen 13. Jh. als Mamorbildhauer bekannt waren.

Die Kapellen

Im Querhaus befinden sich vier Kapellen, die zu verschiedenen Zeiten entstanden, aber nach außen hin in einen einheitlichen architektonischen Rahmen gefügt sind.

Es handelt sich um die Kapellen des hl. Stephanus, des hl. Kreuzes, des hl. Laurentius und des hl. Benedikts.

Die Stephanus-Kapelle stammt aus der Zeit der Instandsetzung des Querschiffs und ist ein Werk des Architekten Luigi Poletti, der hier Materialien und Marmorteile des alten Gebäudes wiederverwandte. Die Kapelle ist dem hl. Diakon Stephanus geweiht, also dem ersten Märtyrer der Kirche von Jerusalem. Auf dem Altar befindet sich eine Figur mit der Darstellung des Heiligen von Rinaldo Rinaldi (1793-1873).

Es folgt die Kreuzkapelle, die Papst Benedikt XVI. anläßlich des Heiligen Jahres von 1725 erbauen ließ, als Rahmen für ein *Kruzifix* aus dem 14. Jh., das wahrscheinlich von Tino di Camaino geschaffen wurde und das hier von den Gläubigen verehrt werden sollte. Heute dient die Kapelle der Aufbewahrung und Anbetung des Allerheiligsten Sakraments.

In der Nische links vom Kapelleneingang sieht man die Statue der *Hl. Brigitte*, die Stefano Maderno (1576-1636) zugeschrieben wird. Die Heilige ist kniend dargestellt, den Blick auf den Gekreuzigten gerichtet, der ihr einst, so besagt die Überlieferung, das Haupt zugewandt haben soll, als sie zu seinen Füßen ins Gebet versunken war. In dieser Kapelle befindet sich auch eine Holzstatue des *Hl. Paulus*, die uns, aufgrund der Gepflogenheit unter den Pilgern, Bruchstücke der Figur als Erinnerungsreliquien mitzunehmen, teilweise verstümmelt vor Augen tritt.

Außerdem sieht man die schöne Mosaik-Ikone einer *Jungfrau mit Kind* aus dem 13. Jh. Ein Gedenkstein beim Altar erinnert daran, daß der hl. Ignatius von Loyola vor dieser Ikone am 22. August 1541 das Gelübde abgelegt hat, womit der Jesuitenorden seinen Anfang nahm.

Die Muttergottes ist in der typisch byzantinischen Haltung der *Theotokos Hodigitria* dargestellt, die den Weg weist und das Kind auf dem linken Arm

Chor- oder Laurentius-Kapelle

S. 115: Mosaik des 13. Jhs., *Die hl. Jungfrau mit dem Kind.* Kreuzkapelle

hält. Vor dem goldenen Hintergrund hebt sich die hl. Jungfrau in ihrem dunkelblauen Gewand ab, während das Jesuskind in ein rotes Gewand gehüllt ist, das Ziermotive aufweist, die an Perlen und Edelsteine erinnern.

Der Gesamtentwurf und Bildaufbau der Ikone verweisen deutlich auf ihre Funktion als Andachtsbild. Die dritte Kapelle diente ursprünglich als Sakramentskapelle, heute hingegen ist sie dem hl. Märtyrer Laurentius geweiht, einem der ersten und berühmtesten Heiligen der römischen Kirche, der, so besagt die Überlieferung, auf einem Gitterrost verbrannt wurde.

Offenbar geht der Entwurf dieser Kapelle auf eine Zeichnung des Architekten Carlo Maderno zurück. Eingeweiht wurde sie anläßlich des Heiligen Jahres 1625.

Vor dem Brand war ihr Gewölbe mit Freskodarstellungen von Sibyllen und Propheten des Florentiner Malers Anastasio Fontebuoni (1571-1626) verziert. Die Altartafel schuf Giovanni Lanfranco im Jahre 1621.

Die heutige Ausmalung stammt hingegen von Antonio Vilegiardi (1869-1936) und zeigt verschiedene Szenen aus dem Leben des hl. Laurentius, während die Lünette über dem Altar gegen Mitte des 19. Jhs. von Francesco Coghetti gestaltet wurde. Von großem Interesse ist das Antependium, die Vorsatztafel aus reliefiertem Marmor, die aus der alten Basilika stammt und auf das späte 15. oder frühe 16. Jh. datiert werden kann.

Die letzte Kapelle ist dem hl. Benedikt geweiht, dem Gründer des Mönchtums im Westen und des ältesten Ordens überhaupt. Bei der Statue des heiligen Abts handelt es sich um ein Werk des Künstlers Pietro Tenerani (1789-1869). In der Hand hält die Figur das Buch mit der Ordensregel, dem grundlegenden Text, der vielen Ordensgründern zum Vorbild gereichte.

Auch diese Kapelle wurde von Luigi Poletti

entworfen und zwischen 1843 und 1845 erbaut. Der Architekt schuf hier ein Ambiente von deutlich klassischer Prägung, das in seiner Eleganz und Ausgewogenheit einem Thermalbad ähnelt, wenngleich mit der etwas kühlen Ausstrahlung, die für alle von Poletti geschaffenen Räumlichkeiten typisch ist.

Die wertvollen, zu Beginn des 19. Jhs. bei Grabungen im Gebiet von Veji nahe der Ortschaft Isola Farnese gefundenen Marmorsäulen mit Kapitellen aus Blättern und stilisierten Blüten wurden dem Architekten Poletti von Papst Gregor XVI. für die Ausstattung dieser Kapelle zur Verfügung gestellt.

Das Kloster und der Kreuzgang

Das zur Basilika gehörende Klostergebäude fand erstmals in einer Schrift von Papst Gregor dem Großen aus dem Jahre 604 Erwähnung. Darin ist die Rede von zwei unterschiedlichen Ordensgemeinschaften, die bei San Paolo fuori le Mura niedergelassen waren, und zwar Nonnen, die der Verehrung des hl. Stephanus dienten, und ein männlicher Orden, der den hl. Cäsarius, den Märtyrer von Terracina, als Patron verehrte. Allerdings sind für das folgende Jahrhundert keine näheren Nachrichten zu diesen beiden Klostergemeinschaften überliefert. Erst während der ersten Hälfte des 8. Jhs. bat Papst Gregor II. im „Liber Pontificalis" den Abt des Klosters San Cesario, eine einzige Gemeinschaft ins Leben zu rufen, da sich mittlerweile das andere Kloster aus Mangel an religiös berufenem Nachwuchs aufgelöst hatte.

In architektonischer Hinsicht war das Gebäude nicht sonderlich bedeutend: Es war ein Kloster und als solches Ort einer Gemeinschaft, die auch nach außen hin dem Armutsgebot verpflichtet war. Heute sind von dem alten Klostergebäude, das der Basilika im 9. Jh. auch Schutz und Wehr zur Verteidigung gegen die vom Meer aus einfallenden Barbaren bot, nur wenige Reste erhalten. Eine Ausnahme bildet der Kreuzgang hinter dem südlichen Querhausarm, mit dem sich zweifellos der schönste und bedeutsamste Teil der alten Klosterbauten erhalten hat.

Die Inschrift auf dem Architrav besagt, daß der Bau von Kardinal Pietro di Capua aus Amalfi veranlaßt und von dem Abt der Kirche, Giovanni Caetani di Andrea, zwischen 1212 und 1235 zum Abschluß gebracht worden sei. Mit Sicherheit zuzuschreiben ist nur der Nordflügel, der von der Werkstatt der berühmten römischen Bildhauerfamilie Vassalletto ausgeführt worden sein soll. Im durchaus anspruchsvollen Programm an Ziermotiven schlägt sich das hohe Bildungsniveau der Urheber nieder, die sich sowohl klassischer als auch orientalischer und etruskischer Formen bedienten. Im Hof des Kreuzgangs befindet sich die auf einem Thron sitzende Figur von *Papst Bonifatius IX.* in segnender Haltung. Die Statue, deren Herkunft ungewiß ist, verweist in jedem Falle auf das besondere Engagement dieses Papstes zugunsten der Basilika im ausgehenden 14. und anhebenden 15. Jh.

Statue von *Papst Bonifatius IX.* Kreuzgang der Basilika

Der Glockenturm

Die Besichtigung von San Paolo fuori le Mura findet seinen Abschluß an dem 65 m hohen Glockenturm. Auch er ist ein Werk von Poletti und zugleich Zeugnis seiner Vielseitigkeit.

Der heutige, mit Travertinplatten verkleidete Kampanile besitzt fünf Ebenen, auf denen verschiedene geometrische Formen einander überlagern. Die Glockenstube besitzt sieben Glocken, vier davon stammen noch aus der alten Basilika. Obwohl der ursprüngliche, im 14. Jh. erbaute Glockenturm beim Brand der Kirche keine Schäden davongetragen hatte, wurde er angerissen, was zu sehr unterschiedlichen Reaktionen und auch zu scharfer Kritik Anlaß gegeben hat. Das heutige Bauwerk ist, objektiv betrachtet, von geringem künstlerischem Wert.

Für das mit den römischen Basiliken auf das Engste verbundene Pilgerwesen ist hingegen bedeutsam, daß alle vier Patriarchalbasiliken durch ein Bauelement oder ihre Lage weithin sichtbar sind. Die Kuppel der Peterskirche erfüllt diese Aufgabe zweifellos, aber auch San Giovanni in Laterano kann durch den großen Obelisken schon von weitem lokalisiert werden; der Glockenturm von San Paolo fuori le Mura lenkt die Schritte derer, welche das Grab des Apostels verehren wollen, während Santa Maria Maggiore, die sich auf einem Hügel erhebt, wenigstens in der Vergangenheit über die umstehenden Häuser hinausragte.

Auf der nebenstehenden Seite: der alte Kreuzgang von San Paolo fuori le Mura, teilweise von der Werkstatt der Künstlerfamilie Vassalletto ausgeführt.

Glockenturm, der im 19. Jh. von dem Architekten Poletti errichtet wurde

Santa Maria Maggiore

Eine Geschichte zwischen Legende und Wirklichkeit

S. 120-121, Jacopo Torriti, *Marienkrönung*, Detail des Apsisgewölbes

Masolino, *Papst Liberius gründet die Basilika Santa Maria della Neve (Schneemadonna)*, Detail. Neapel, Museo Nazionale di Capodimonte

Heutige Pilger, welche sich zur Verehrung Marias in die älteste ihr geweihte christliche Basilika der westlichen Welt begeben, werden beim Anblick dieser Kirche wohl kaum so ergriffen sein wie die Gläubigen von einst, die den Esquilin, den höchsten Hügel Roms, hinanstiegen und die Kirche abseits der Stadt über Palazzi und Häuser emporragen sahen. Das Gebäude war zwar gewiß nicht so prächtig ausgestattet wie heute und auch weniger erhaben als die von Konstantin über dem Grab des hl. Petrus errichtete Basilika, doch hinterließ die Basilika durch ihren gewaltigen Umfang und vor allem durch den Anlaß, dem es seine Entstehung verdankt, einen nachhaltigen Eindruck.

Im Gegensatz zum Herkommen ging die Errichtung dieser Kirche nicht auf Stiftungen von Kaisern und Machthabern zurück, sondern auf das Engagement der Bevölkerung, die, vom Papst jener Tage aufgerufen, den Bau in großem Maße förderte.

Daß ein Papst persönlich den Bau einer Kirche veranlaßte, ist - nach Meinung einiger Historiker - ein Zeichen dafür, daß sich die Kirche allmählich von der kaiserlichen Machtsphäre distanzierte und daß das Papsttum zunehmend auch selbst politisch Gewalt auszuüben begann. Die rege Teilnahme der Bevölkerung am Bau dieser Kirche ist überdies ein Beweis für die große Beliebtheit Marias, denn das Kirchengebäude war ja von vornherein zur Verehrung der Mutter Jesu bestimmt.

Wie bereits im Hinblick auf die anderen drei Basiliken, zu denen sich die Pilger im Heiligen Jahr traditionsgemäß begeben werden, geht es auch bei unserem Besuch der Basilika Santa Maria Maggiore nicht nur darum, historische und künstlerische Eindrücke zu gewinnen, sondern auch die eigentlichen Beweggründe nachzuempfinden, die zu ihrer Entstehung geführt haben und uns von früheren Generationen als kostbare Hinterlassenschaft überantwortet worden sind.

Erste Nachrichten von einem römischen Gotteshaus, das der Jungfrau Maria geweiht war, finden sich im *Liber Pontificalis*. Darin ist die Rede von einer Kirche, die Papst Liberius (352-366) neben dem „Livia-Markt" erbauen ließ. Diese Anmerkung hat zu der Annahme geführt, daß die heutige, von Sixtus III. (432-440) gestiftete Basilika auf den Ruinen einer älteren Kirche errichtet worden sei. Diese Theorie ist allerdings von jüngsten Grabungen entkräftet worden, die unter der Basilika nur eine römische Häusergruppe aus der Kaiserzeit zutage gefördert haben. Sollte es eine ältere Marienkirche gegeben haben, so lag sie vielleicht sogar

Fassadenmosaike in der Loggia: Die Hl. Jungfrau, welche dem hl. Johannes das Wunder ankündigt, Der Patrizier Johannes vor Papst Liberius; Thronender Christus

in unmittelbarer Nähe, nicht aber, soviel ist vor dem Hintergrund dieser Grabungsergebnisse sicher, an dem Ort, wo die heutige Basilika steht. Dieses vermeintliche Gebäude wurde nach Papst Liberius auch als „Basilica Liberiana" bezeichnet, als Zuschreibung ideeller Art, die auch der heutigen Basilika zugestanden wird.

Die Entstehungsgeschichte dieser frühen Kirche ist legendenumwoben und stimmungsvoll. Sie wurde von einem gewissen Fra Bartolomeo aus Trient im 13. Jh. festgehalten. Dieser Ordensbruder berichtet von einem reichen und frommen römischen Senator namens Johannes. Da dieser und seine Frau keine Kinder haben konnten, beschlossen sie, ihre Güter und ihr Vermögen der Kirche

Stefano di Giovanni, Sassetta genannt, *Schneemadonna*, Detail der Predella mit dem *Bau von Santa Maria Maggiore*. Florenz, Uffizien, Sammlung Contini Bonacossi

zu vermachen. In der Nacht der August-Nonen (vom 4. auf den 5.8.) des Jahres 358 erschien die Jungfrau Maria sowohl dem Senator Johannes als auch Papst Liberius im Traum und bat um eine ihr geweihte Basilika, an dem Ort in Rom, an welchem in jener Nacht Schnee fallen werde. Am folgenden Morgen begaben sich Senator und der Papst auf den Cispius, wo es genau in jener Nacht tatsächlich auf wunderbare Weise geschneit hatte. In Gegenwart zahlreicher Gläubigen zeichnete Liberius den Grundriß der künftigen Kirche in den frischen Schnee, wie es unter den Architekten von einst üblich war, die vor Baubeginn den Grundriß in Originalgröße im Sand markierten.

Die großen Bögen der Loggia an der heutigen Basilika geben den Blick frei auf ein Mosaik, das diese Legende in Bildern schildert.

Noch heute wird am 5. August das liturgische Fest zu Ehren der sogenannten Schneemadonna begangen, der viele Kirchen in aller Welt geweiht sind. Bei dieser Gelegenheit gehen während der Messe weiße Blumenblätter von Jasmin- und Rosenblüten auf den Hauptaltar der römischen Basilika nieder. Im Hauptschiff der Basilika sollen heute unter einer runden Granitplatte der Senator Johannes und seine Frau bestattet sein, nachdem sie unter Papst Pius IX. (1846-1878) aus dem nahegelegenen Baptisterium hierher überführt worden sind.

In einer Note vom 22. Februar 1746, also zu Zeiten von Benedikt XIV. (1740-1758), wurde festgehalten, man habe den Inhalt eines Grabs untersucht, das als letzte Ruhestätte des „Patriziers Johannes" ausgewiesen sei. Dabei seien männliche und weibliche Gebeine mit Duftgefäßen und einigen Stoffetzen gefunden worden. Diese Nachricht ist gewiß einzigartig, doch beweist sie noch nicht, daß es sich bei den Reliquien tatsächlich um die sterblichen Überreste des angeblichen Mitbegründers der Basilika handelt.

In der Kirche Santa Maria Maggiore gehen Wirklichkeit und Legende Hand in Hand, und zwar nicht, um die Geschichte über Gebühr zu strapazieren, sondern um der tiefen Zuneigung Ausdruck zu verleihen, die der zarten Erscheinung der Muttergottes zu allen Zeiten entgegengebracht worden ist.

Der Bau der Basilika

Objektiv betrachtet war das Gelände, wo die neue Basilika entstehen sollte, nicht unbedingt geeignet für ein solches Vorhaben: Der Untergrund war nämlich recht uneben, überdies war die Gegend schon dicht besiedelt.

Von daher ist wohl anzunehmen, daß die Wahl des Standortes weniger auf praktischen Überlegungen beruhte; vielmehr dürften ideologische Gründe eine Rolle gespielt haben. Auf dem höchsten Hügel Roms gelegen, überragte der Neubau nämlich alle anderen Gebäude. Angesichts der Tatsache, daß die Kirche auf dem Konzil von Ephesus als Sieger

Das Konzil von Ephesus und seine Geschichte

Die heutige Basilika Santa Maria Maggiore verdankt ihre im eigentlichen Sinne historische Entstehung einem Ereignis und einer Persönlichkeit. Mit dem Ereignis ist das 431 in Ephesus stattfindende ökumenische Konzil gemeint, das Maria offiziell als Mutter Gottes bestätigte, während es sich bei der Persönlichkeit um Papst Sixtus III. handelt, der nur wenige Jahre nach dieser Bestätigung den Bau einer Kirche auf dem Esquilin beschloß, welche der Jungfrau Maria geweiht sein sollte.

Die häretischen Auseinandersetzungen, welche die christliche Gemeinde der größten Stadt des römischen Reichs im 4. Jh. gespalten und zu Aufruhr und Intoleranz Anlaß gegeben hatten, waren auch zu Beginn des nachfolgenden Jahrhunderts nicht beigelegt.

Ein Problem, das als besonders dringlich empfunden wurde, war die Rolle der Frau in der christlichen Gemeinde, auch im Zusammenhang mit der unbestrittenen Bedeutung, welche der Jungfrau Maria im göttlichen Heilsplan zukam. Im Westen, wo den Frauen in heidnischer Zeit eine gewisse Rolle im Kultus zugestanden worden war, und wo auch die christlichen Gemeinden weiblichen Persönlichkeiten wie der Kaiserin Helena, der Mutter Konstantins des Großen, viel zu verdanken hatten, war die Jungfrau Maria schon Gegenstand der frommen Verehrung. Im Orient hingegen, wo die jüdische Traditionsverbundenheit noch stärker fortwirkte, hatte die von Nestorius, dem Patriarchen von Konstantinopel angeführte schismatische Bewegung großen Zulauf zahlreicher christlicher Gemeinden. Nestorius vertrat die Auffassung von den zwei Naturen Christi, der menschlichen und der göttlichen, und gestand Maria von daher nur die Rolle der Mutter Jesu, nicht aber die der „Gottesgebärerin" zu. Dieser Häresie widersetzten sich Kyrillos von Alexandria und Papst Zölestin I. (422-432), die Nestorius bei einer 430 in Rom abgehaltenen Synode schuldig sprachen.

Seit Beginn des 5. Jhs. machte sich im Westen eine allmähliche Schwächung der kaiserlichen Macht zugunsten des Hofs in Konstantinopel bemerkbar, ja seit 425 war das westliche Regiment in Händen von Galla Placidia. Ihr hatte Theodosius II., der Kaiser in Konstantinopel, die Regentschaft an Stelle ihres noch jungen Sohnes Valentinian III. übertragen. Als sich der Patriarch Nestorius an Theodosius II. wandte, um die offizielle Anerkennung durch ein Konzil zu erlangen, sah sich Valentinian III. gezwungen, ihn zu unterstützen und damit die römische Kirche zu isolieren.

Das Konzil begann im Juni des Jahres 431 in Ephesus. Die Wahl dieser Stadt ergab sich praktisch zwangsläufig, denn nach der Überlieferung hatte Maria die letzten Jahre ihres Lebens in Ephesus verbracht. Die Versammlung wurde eröffnet, bevor die römischen Abgesandten des Papstes und die Bischöfe des Patriarchats von Antiochien eintrafen.

Nestorius wurde vorgeladen, weigerte sich aber zu erscheinen und wurde daraufhin abgesetzt. Als die Bischöfe aus Antiochien einige Tage später ankamen, weigerten sie sich, die Urteilsbeschlüsse zu unterzeichnen, vielmehr exkommunizierten sie ihrerseits Kyrillos von Alexandria, der dem Konzil vorsaß.

Unterdessen traf auch der Diakon Sixtus als päpstlicher Legat in Ephesus ein. Nachdem er die Protokolle der Konzilssitzung gelesen hatte, machte er den Einfluß der römischen Kirche geltend, welche durch ihre auf die Apostel zurückgehenden Ursprünge, ihr Alter und das ihr eigene Charisma damals zunehmend an Bedeutung gewann. Die Auffassung von Nestorius wurde als ketzerisch verurteilt, und die Jungfrau Maria war fortan offiziell als Mutter Gottes (*Theotokos*) anerkannt.

Mehrfarbiges Glas aus der Mitte des 5. Jhs. n. Chr., *Kreuz der Galla Placidia*, Detail. Brescia, Museo Civico di Santa Giulia

Der Papst der Basilika Santa Maria Maggiore: Sixtus III.

Sixtus III (432-440) wurde in Rom geboren, allerdings ist von seiner Jugend und Ausbildung nur wenig bekannt. Der hl. Augustinus erwähnte ihn in einem Brief im Hinblick auf dessen zeitweilige, schnell wieder zurückgenommene Sympathien für die Pelagianer. Am 31. Juli 432, kaum vier Tage nach dem Tode seines Vorgängers, des hl. Zölestin I. (422-432), wurde er zum Papst erwählt und setzte sich sogleich dafür ein, daß die Kirche im Orient zu einer Einigung gelangte, worin er von Kaiser Theodosius II. unterstützt wurde. Im Frühjahr 433 unterzeichneten Bischof Kyrillos von Alexandria und die Bischöfe des Patriarchats von Antiochien unter dem Vorsitz von Johannes den „Bereinigungsakt" und Johannes selbst erkannte in einem Schreiben an den Papst dessen Primat über die gesamte Kirche an.

In Rom setzte sich der Papst mit Nachdruck für die Stadtverschönerung und den Kirchenbau ein. Er erweiterte die Kirche San Lorenzo in Lucina zu einer dreischiffigen Basilika. Das als Rundbau begonnene Baptisterium des Laterans wurde unter seinem Pontifikat oktogonal fertiggestellt. Außerdem ließ er die Basilika San Pietro in Vincoli erbauen. Doch sein wichtigstes und eindrucksvollstes Werk war die Basilika Santa Maria Maggiore, die dazu ausersehen war, die Gottesmutter Maria zu verherrlichen.

Papst Sixtus III. starb am 19. August 440 und wurde in der Nähe der Basilika San Lorenzo fuori le Mura an der Via Tiburtina bestattet.

über die häretischen Lehren der Arianer und Nestorianer hervorgegangen war, sollte die gleich darauf errichtete Basilika als Symbol und Bollwerk der Orthodoxie gegen jede Form der Häresie in Erscheinung treten.

Die Arbeiten begannen mit dem Abriß bestehender Gebäude. Um die Unebenheiten des Bodenniveaus auszugleichen, wurde das Gelände mit den Trümmern und mit zusätzlich herangebrachter Erde aufgeschüttet.

Auf dem so entstandenen Baugrund begannen die Arbeiten für die Basilika. Dabei wurden offenbar auch dieselben Kräfte herangezogen, die bis etwa 402/03 auf der kaiserlichen Baustelle von San Paolo fuori le Mura an der Via Ostiense beschäftigt gewesen waren. Das gesamte Bauvorhaben soll von der Fundamentierung bis zur Ausstattung und Weihe in den neun Jahren des Pontifikats von Papst Sixtus III. zum Abschluß gebracht worden sein. Dies aber scheint recht unwahrscheinlich, wenn man das Ausmaß der fraglichen Baustelle bedenkt. Die Historiker sind heute eher der Meinung, daß die Arbeiten in Wirklichkeit schon einige Jahre zuvor begonnen haben dürften, als Sixtus noch gar nicht Papst war. Er solle sie demnach nur beschleunigt und zu Ende gebracht haben.

Das fertige Bauwerk entsprach einer typischen frühchristlichen Basilika mit drei Kirchenschiffen, die durch zwei, jeweils 20 Säulen umfassende Reihen begrenzt wurden. Die Kirche maß 86,54 m in der Länge und 32,5 m in der Breite. Das Dachwerk und die im Gegensatz zur heutigen Anlage paarweise angeordneten Fenster des Mittelschiffs trugen zum Eindruck heller und leichter Räumlichkeit bei.

In der heute wiederhergestellten Apsisrundung befanden sich fünf Fenster und in der Mitte des Gewölbes die Darstellung der hl. Jungfrau mit dem Kind.

Die heutige Basilika

Um die frühchristliche Basilika von Sixtus III. gruppierten sich im Laufe der Jahrhunderte weitere Gebäude, etwa der Glockenturm, welcher mit seinen 75 m elegant in die Höhe ragt, einige Kapellen und eine von Carlo Rinaldi (1611-1691) zur Rückenfassade ausgebaute Apsis. Rinaldi wandelte zu diesem Zwecke ein bereits vorhandenes Projekt von Gian Lorenzo Bernini ab, der die Kolonnaden des Petersplatzes geschaffen hat und in Santa Maria Maggiore begraben liegt. Der eindrucksvollste Teil dieses Gebäudekomplexes ist die Fassade der Basilika. Sie wird von zwei kleinen, spiegelbildlich angelegten Palazzi flankiert, deren rechter 1605 erbaut wurde, während das linke Gegenstück erst über einhundert Jahre später, im Jahr 1735, zur Ausführung kam. Die Kirchenfassade ist ein Werk des Florentiners Ferdinando Fuga (1699-1781), der auch die umfassenden Umgestaltungsarbeiten des Innenraums leitete. Dieser, der frühchristlichen Fassade vorgeblendete Aufbau besteht aus zwei Ebenen: Im unteren Bereich befindet sich ein Portikus mit fünf Öffnungen, während sich darüber die dreibogige Benediktionsloggia erhebt.

Dem Architekten ist zu verdanken, daß das frühmittelalterliche Mosaik, das die einstige Fassade schmückte, vor der Zerstörung bewahrt wurde. Dieses freilich stark überarbeitete Mosaik schildert die Legende von Papst Liberius (352-366) und dem Patrizier Johannes.

Die Basilika Santa Maria Maggiore

Die Barockfassade von Santa Maria Maggiore. Rechts, in Platzmitte, die Marmorsäule aus der alten Basilika von Massenzio

Blick auf die Apsis; im Vordergrund der Obelisk, den Papst Sixtus V. hier aufstellen ließ

Die neuen Väter der heutigen Basilika, ein Architekt und ein Papst

In den Kapitularakten des Liberianischen Archivs vom August des Jahres 1740 ist zu lesen: „Der Portikus der Basilika ist einsturzgefährdet und wird von Brettern gehalten ... Die Treppe hinter dem Presbyterium ist aufgrund von Bodenbewegungen auseinandergebrochen ... Der Fußboden ist schlecht erhalten, und, was am meisten drängt, Regenwasser sickert durch die Dächer auf die Decke. Nicht nur die Dächer müssen instandgesetzt werden, sondern mehr noch ihre Ablaufrohre".

Dieser durchaus dramatische Bericht wurde dem frischgewählten Papst vorgelegt: Es handelte sich um den Erzbischof von Bologna, Prospero Lambertini, der den päpstlichen Namen Benedikt XIV. (1740-1758) angenommen hatte. Umgehend standen zweitausend Scudi für sofortige Baumaßnahmen zur Verfügung. Die Planung lag in Händen von Ferdinando Fuga.

Giuseppe Maria Crespi, *Papst Benedikt XIV.* **Vatikanische Pinakothek**

Schon im Januar 1741 begannen die Arbeiten mit dem Abbruch des alten Portikus, und am 4. März wurde der Grundstein für einen neuen gelegt. Gleichzeitig verwandelte sich auch der Innenraum der Basilika in eine große Baustelle für die beabsichtigte Generalüberholung. Gegen Ende des Jahres 1742 waren die Arbeiten an der Benediktionsloggia abgeschlossen, von wo aus der Papst am 15. August 1743 seinen Segen gab.

Ludwig v. Pastor erinnert in seiner *Geschichte der Päpste seit dem Ausgang des Mittelalters* an ein recht abfälliges Urteil Benedikts XIV. über die einschneidenden Baumaßnahmen und vor allem über die Innenausstattung der Basilika: „Wir haben keinen Grund, uns allzusehr dieses Werks zu rühmen, manch einer könnte glauben, wir seien Theaterimpresarios, da es einem Ballsaal ähnelt".

Dieses so harte Urteil wird in einem Privatschreiben desselben Papstes völlig in sein Gegenteil verkehrt: „Die Wiederherstellung und Ausschmückung, die wir an dieser Basilika haben vornehmen lassen", sei „ausgesprochen gut gelungen".

Fuga hatte sich in der Tat auf eine Kompromißlösung eingelassen zwischen der Notwendigkeit, die alten Ausmaße der Basilika beizubehalten und dem Bestreben, die zahllosen Schichten, die sich im Laufe der Jahrhunderte überlagert hatten, mit einer modernen Note in Einklang zu bringen.

Der Innenraum der Basilika

Innenansicht der Basilika in Richtung auf den Baldachin.

Dem Pilger von heute, der die Basilika Santa Maria Maggiore betritt, dürfte es schwerfallen, wenn nicht ganz unmöglich sein, angesichts des vor ihm liegenden Raums Rückschlüsse auf die alte frühchristliche Kirche zu ziehen.

Und doch ist der Raum derselbe geblieben, und auch die Mosaike an den Seitenwänden und in der Apsis sind, trotz aller Restaurierungen und Bearbeitungen, noch die alten.

Die für das 17. Jh. kennzeichnende überladene Prachtfülle verdeckt, ja entkräftet vollends den klaren Stil der frühchristlichen Basilika. Von daher wollen wir die Kirche verstärkt in ihren Einzelheiten würdigen und weniger in ihrem Gesamteindruck in Betracht ziehen. Das heißt nicht, daß die einzelnen Räume vom Ganzen abgelöst werden sollen. Es geht nur darum, einem jeden Ge-

genstand unserer Betrachtung die Möglichkeit zu eröffnen, die Eigentümlichkeiten seiner Entstehungszeit und seiner Urheber voll zur Geltung kommen zu lassen.

Der Fußboden und die Holzdecke

Wenn man die Basilika betritt, so fällt der Blick sogleich auf den schönen Fußboden und die prachtvolle Holzdecke. Der cosmatisch gestaltete Fußboden stammt, trotz mehrfacher Restaurierungen, größtenteils direkt aus dem 12. Jh. Er entstand zu Zeiten von Eugen III. (1145-1153) und verdankt seine Entstehung der großzügigen Stiftung zweier römischer Edelleute, Giovanni und Scoto Paparoni. Zu Zeiten des Architekten Fuga, also während der Restaurierungsarbeiten im 18. Jh., ging ein Mosaikbild verloren, auf welchem die beiden Adeligen zu Pferd dargestellt gewesen sein sollen.

Die hölzerne Kassettendecke stammt aus späterer Zeit: Entworfen wurde sie von Leon Battista Alberti (1406-1472), fertiggestellt hingegen von Antonio da Sangallo dem Älteren (um 1455 - 1534), dem Bruder von Giuliano (um 1455-1516), welcher ihm bei diesen Arbeiten vorausgegangen war. Es war die Zeit Papst Alexanders VI. (1492-1503), die Jahre also, da mit Christoph Kolumbus die großen Seereisen und die Eroberungen der neuen Welt begannen. Das von einer Girlande umfangene Wappen dieses Papstes sieht man in der Mittelreihe der Kassettenfelder zusammen mit dem Wappen von Kalixt III. (1455-1458), der die Ausführung der Decke veranlaßt hatte.

Eine nicht quellenmäßig gesicherte Überlieferung besagt, daß das Gold, mit welchem das Holz der Decke überzogen wurde, von Königin Isabella I. von Kastilien (1451-1504) gestiftet worden sein soll. Es habe zu dem Schatz gehört, den Christoph Kolumbus von seiner ersten Amerikafahrt mitgebracht habe. Diese Nachricht ist sonderbar, zumal bekannt ist, daß der Seefahrer nur mit wenigen Kostbarkeiten von seiner ersten Reise zurückkehrte.

Jedenfalls vermittelt die Decke genau den Eindruck, den Alberti beabsichtigt hatte, als er sich an das Projekt machte: „Ich möchte, daß dieses Gotteshaus von großer, unvorstellbarer Schönheit sein soll, die von keinem anderen Ort übertroffen wird". Geblendet vom Glanz der Decke und vom Gold der Mosaike prägten die Römer das Motto: „Santa Maria Maggiore ist ein Goldstück", das noch heute in Umlauf ist.

Ansicht des nördlichen Kirchenschiffs

Auf der nebenstehenden Seite: die reich geschnitzte Kassettendecke, nach einem Entwurf von Antonio da Sangallo d. Ä.

Die Kapellen

An den Wänden der beiden Seitenschiffe öffnen sich einige Kapellen. Die beiden bekanntesten, nämlich die Cappella Sistina und die Cappella Paolina (auch Borghese genannt), liegen zur Rechten und Linken des Hauptaltars einander gegenüber.

Die Kapellen, die allesamt in späteren Zeiten erbaut wurden, versammelten im Laufe der Jahrhunderte zahlreiche Grabdenkmäler von Päpsten und Kardinälen, die der Basilika in besonderer Weise verbunden waren und diese Beziehung auch über ihren Tod hinaus ideell beibehalten wollten.

Die erste Kapelle im rechten Seitenschiff wurde einst als „Kapelle des Winterchors" bezeichnet. Hier versammelten sich die Kanoniker der Basilika, um die Psalmen des liturgischen Stundengebets zu singen.

1605 wurde die Kapelle von Flaminio Ponzio (1559/60-1613) zu einem Baptisterium umgebaut. Giuseppe Valadier (1762-1839) überarbeitete den Raum 1825 erneut und ergänzte die Ausstattung um den Taufbrunnen aus rotem Porphyr, womit er praktisch die heutige Taufkapelle schuf.

Bemerkenswert ist das Hochrelief über dem Altar mit der *Himmelfahrt Mariä*. Das Werk stammt von Pietro Bernini (1562-1629), dem Vater des bekannteren Gian Lorenzo. Die beiden Künstler und

Unten: Innenansicht der Cappella Maggiore. Rechts: die alte „Kapelle des Winterchors", die später zur Taufkapelle umgewandelt wurde.

weitere Familienmitglieder sind in der Krypta der Cappella Paolina dieser Basilika bestattet.

Eine Bodenplatte aus Marmor erinnert ohne großen Schmuck, aber bereichert um die Hoffnung des Glaubens daran, daß sie „hier zusammen die Auferstehung erwarten".

Die Cappella Sistina

Ludwig v. Pastor schreibt, daß die nach ihrem Stifter Papst Sixtus V. (1585-1590) benannte Cappella Sistina, die auf einen Entwurf von Domenico Fontana (1563-1607) zurückgeht, „von solchen Ausmaßen war, daß sie einer neuen großen Kirche gleichkam". Bei ihrem Bau wurden Marmorteile und Steine von altrömischen Baudenkmälern und vom alten Lateran wiederverwandt. Letzterer war damals völlig verfallen, wurde dann aber im Zuge der von Sixtus V. emsig vorangetriebenen Wiederaufbauarbeiten zu neuem Glanz gebracht.

Die Kapelle hat den Grundriß eines griechischen Kreuzes und ist mit Marmorplatten ausgekleidet. Über ihr erhebt sich eine Kuppel, die von einer Künstlergruppe unter der Leitung von Cesare Nebbia (um 1536-1614), des Berühmtesten unter ihnen, in manieristischem Stil ausgemalt wurde. In der Mitte der Cappella Sistina befindet sich über dem Altar ein elegantes, von vier Engeln gestütztes Ziborium in Form eines kleinen Tempels, der Ähnlichkeiten mit der Kapelle selbst aufweist. Es handelt sich um eine kostbare Goldschmiedearbeit nach einer Zeichnung von Giovan Battista Ricci (1537-1627).

An den Wänden seitlich des Ziboriums sieht man die Grabdenkmäler von Sixtus V. und von einem seiner Vorgänger, und zwar Papst Pius V. (1566-1572), dem es gelungen war, den Vormarsch der Türken durch den Sieg bei Lepanto (7. Oktober 1571) aufzuhalten, und der deshalb als großer und tapferer Verteidiger des Glaubens angesehen wurde.

Die Gebeine von Pius V. wurden am 9. Januar 1588 von der Peterskirche nach Santa Maria Maggiore überführt und nach seiner Seligsprechung im Jahre 1672 in den heute noch erhaltenen Sarkophag unter seiner Statue umgebettet.

Zu Ehren der beiden Päpste, welche dem Dominikaner- bzw. Franziskanerorden angehörten, befinden sich in Nischen, welche die beiden Grabdenkmäler flankieren, die Figuren des *Hl. Dominikus* und des *Hl. Petrus Martyr* bzw. des *Hl. Franziskus von Assisi* und des *Hl. Antonius von Padua*. Sixtus V. selbst weihte am 30. Juli 1589 sein Grabdenkmal und wurde bei seinem Tod ein Jahr später in der Krypta dieser Kapelle beigesetzt.

Die Cappella Sistina birgt aber einen noch viel bedeutenderen Schatz an Statuen, Fresken und Marmorarbeiten. Es handelt sich um die mittelalterliche Krippenkapelle in der Krypta, zu der man über eine Treppe vor dem Altar hinabsteigt.

Obwohl nicht zentral in der Basilika gelegen, stellt diese Krypta unter dem Altar der Cappella Sistina das Herzstück der Kirche dar. Hier nämlich werden einige Bretter als Reliquien aufbewahrt, die von der Wiege oder Krippe Jesu stammen sollen. Nach Rom, so sagt man, seien sie während des Pontifikats von Theodor I. (642-649) gelangt.

Die Idee, eine Krippe in Kapellenform zu errichten, um den Reliquien der Futterkrippe neuerlich Gewicht zu verleihen, stammte von Papst Nikolaus V. (1288-1292). Mit der baulichen und bildhauerischen Ausführung wurde Arnolfo di Cambio (um 1245-1302) betraut, doch ist von seinem Werk nur wenig erhalten, da Fontana, der Architekt der heutigen Cappella Sistina, das kleine Oratorium während der Bauarbeiten 1590 sogar ganz verlagert hat: Anhand einer Reihe von Abbildungen und durch den Bericht des Architekten, der sich bereits anläßlich der Aufstellung des Obelisken auf dem Petersplatz als Experte für schwierige Transporte hervorgetan hatte, ist überliefert, daß Fontana die aus den Fundamenten gehobene Krippenkapelle mit einem System von

Auf der nebenstehenden Seite: Ansicht der Cappella Sistina

Arnolfo di Cambio, *Krippe*, Detail mit dem Hl. Josef, Ochs und Esel. Krypta der Cappella Sistina

Auf der nebenstehenden Seite: Die Kuppel der Cappella Sistina. Unten: Die Kuppel der Cappella Paolina

Flaschenzügen und Winden, die am Gewölbe des Neubaus befestigt waren, in ein mächtiges Traggerüst hob, um sie daraufhin in der Mitte der neuen Kapelle als künftige Krypta unter das Bodenniveau herabzulassen. Das Unternehmen wurde zwar als rundum gelungen gefeiert, wahrscheinlich aber erlitt die Krippenkapelle dabei nicht unerhebliche Schäden. Heute kann man vor Ort noch ein paar Statuen von Arnolfo di Cambio bewundern, doch die Gruppe mit der hl. Jungfrau und dem Kind ist verschollen. An ihrer Stelle befindet sich eine *Thronende Madonna* aus dem 16. Jh., die Pietro Paolo Olivieri zugeschrieben wird.

Die Cappella Paolina (Cappella Borghese)

Am Ende des linken Seitenschiffs, genau gegenüber der Cappella Sistina, befindet sich die Cappella Paolina. Sie erscheint als Pendant zur Sistina, auch wenn sie erst 25 Jahre später, auf Veranlassung des Borghese-Papstes Paul V. (1605-1621), von Flaminio Ponzio (1559/60-1613) erbaut wurde. Auch sie erhebt sich über einem griechischen Kreuz, besitzt eine Kuppel und ist mit prunkvollem Marmor verkleidet. Im eigentlichen Sinne handelt es sich um eine Marienkapelle,

Die Ikone der Madonna „Salus Populi Romani"

Altar der Cappella Paolina mit dem Marienbild

Eine Legende besagt, daß der Evangelist Lukas als Maler gewirkt habe und daß sich unter den Werken, die er schuf, auch ein Madonnenbildnis befunden habe. Viele Künstler stellten den Apostel in seinem Bemühen dar, das zarte Antlitz der Gottesmutter zu malen. Die Legende ist durchaus naheliegend, denn Lukas hat sich von allen Evangelisten am längsten bei der Beschreibung der Geburt Christi und in diesem Kontext bei der Mutter des Heilands aufgehalten, so daß er gemeinhin auch einfach als Biograph Marias bezeichnet wird.

Es gibt mehrere Ikonen, die ihm zugeschrieben werden. In Bologna etwa ist ein bekannter Marienwallfahrtsort der Madonna des hl. Lukas geweiht. Auch die Ikone der Basilika Santa Maria Maggiore ist eine „Madonna des hl. Lukas".

In Wirklichkeit handelt es sich bei den Ikonen des hl. Lukas ausnahmslos um Werke aus dem Mittelalter.

In der Geschichte der Basilika ist überliefert, daß ein Madonnenbildnis von Papst Paschalis I. (817-824) gestiftet worden sei. Unter dem Pontifikat von Leo IV. (847-855) zerstörte ein riesiges Feuer den vatikanischen Borgo. Man führte daraufhin das Madonnenbild in einer Prozession aus der Basilika, und sogleich kam der Brand zum Erliegen. Schon früher hatte, so wird berichtet, Gregor der Große (590-604) während einer schweren Pestseuche eine Prozession mit der Ikone veranlaßt. Dies sind nur einige Episoden, die das Vertrauen bezeugen, das die Römer in diese Ikone von Santa Maria Maggiore setzten, und die Verehrung, die sie dem häufig als „Rettung des römischen Volks" bezeichneten Bild entgegenbrachten. Das heißt aber noch nicht, daß das Bild, von welchem in diesen Überlieferungen die Rede ist, wirklich identisch ist mit der heute über dem Altar der Cappella Paolina zu verehrenden Ikone. Es ist unmöglich, das Jahr ihrer Entstehung und den Urheber auszumachen, doch die enge Bindung zwischen den Gläubigen und der Gottesmutter, die dieses Bild verkörpert, ist nach wie vor lebendig.

Papst Pius XII. (1939-1958) hat sie am 1. November 1954 im Beisein einer riesigen Menschenmenge auf dem Petersplatz gekrönt, und damit bekräftigt, was seit Generationen unbestritten ist.

Auf der nebenstehenden Seite: Ansicht der Cappella Paolina

auch und vor allem wegen der alten und kostbaren Marien-Ikone über dem Altar, die von der römischen Bevölkerung seit vielen Jahrhunderten unter dem Ehrentitel „Salus Populi Romani" (Rettung des römischen Volks) verehrt wird. Daß die Kapelle der Marienverehrung gewidmet ist, wird auch bekräftigt durch das Marmorrelief von Stefano Maderno (1576-1636) hoch über dem Altar, das Papst Liberius in dem Moment zeigt, da er im Begriff ist, den Grundriß der ersten Basilika in den Schnee zu zeichnen.

An den Seiten sieht man die Grabmäler von Clemens VIII. und Paul V nach einem Entwurf von Flaminio Ponzio, der die entsprechenden Monumente in der Cappella Sistina zum Vorbild nahm. Zahlreiche zeitgenössische Künstler, beispielsweise Giuseppe Cesari, Cavaliere D'Arpino genannt (1568-1640), der Urheber der Lünette über dem Altar und den zur Kuppel überleitenden Zwickeln, und Guido Reni (1575-1642), der hingegen die Gewölbe ausmalte, trugen zur Ausziertung dieser Kapelle bei, welche alle anderen Werke im Inneren der Basilika an Kostbarkeit und Pracht überflügeln sollte.

Paul V. hatte verfügt, daß bei der Ausgestaltung nicht am Material gespart werden sollte (die Ge-

samtkosten für die Kapelle belaufen sich auf 299261 Scudi und 61 Bajokki, eine für die damalige Zeit immense Summe). Die Pracht und Herrlichkeit der Gesamtanlage sind als Zeichen des Glaubens und der Liebe zu Maria zu verstehen, die als Gottesmutter verehrt wird.

Nur wenigen ist bekannt, daß auch Paolina Bonaparte, die Schwester von Kaiser Napoleon, die sich nach dem Tode ihres ersten Mannes mit Camillo Borghese vermählte, in der Krypta dieser Kapelle bestattet ist.

Zwei Ausschnitte des imposanten Baldachins von Fuga mit den Apsismosaiken im Hintergrund

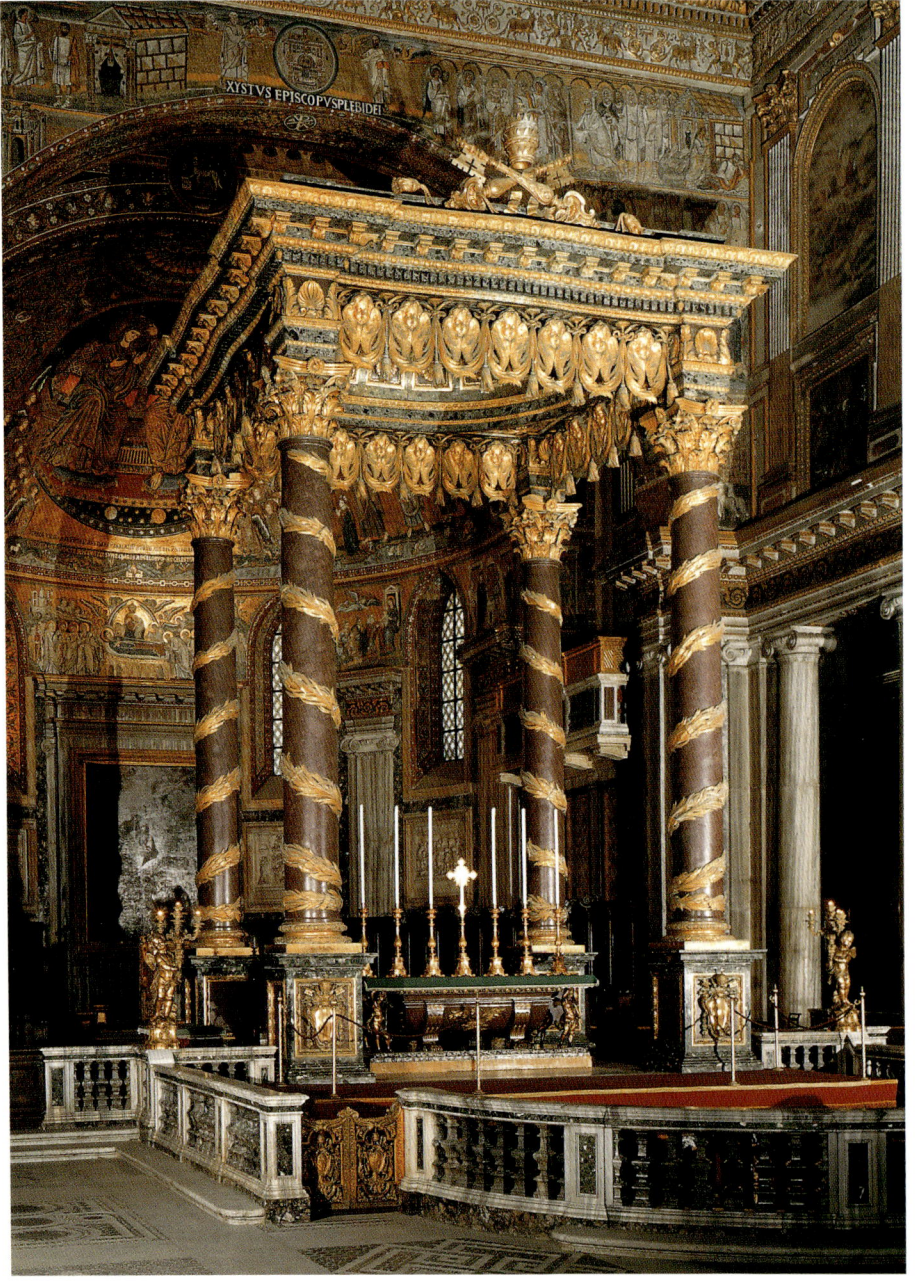

Die Apsis der Basilika

Der Urheber des neuen Chorabschlusses, welcher die ältere, zu Zeiten von Sixtus III. erbaute Apsis ersetzen sollte, war Papst Nikolaus IV. Er ließ sie von Jacopo Torriti 1295 mit neuen Mosaiken auszieren und beauftragte die Werkstatt von Cavallini mit dem Freskenschmuck.

Es sollten jedoch noch viele Jahrhunderte vergehen, bevor die Apsis das heutige Erscheinungsbild erlangen würde.

An den Restaurierungsarbeiten im Inneren der Basilika war auch Benedikt XIV. beteiligt, der - mit Blick auf das Heilige Jahr 1750 - den Altar mit dem roten Porphyrsarkophag ausstatten ließ, welcher nach der Überlieferung die Gebeine des Patriziers Johannes und seiner Frau barg. Darüber ließ der Papst von Fuga einen imposanten Porphyr- und Bronzebaldachin errichten, der jedoch etwas zu groß ausfiel, so daß er heute den Blick auf die Mosaike der Apsis verstellt.

Im darauffolgenden Jahrhundert veranlaßte Pius IX. (1846-1878), der am 8. Dezember 1854 die Lehre von der Unbefleckten Empfängnis Marias verkündet hatte, die Erneuerung der Krypta unter dem Confessio-Altar. Die Verwendung prachtvollen mehrfarbigen Marmors sollte, nach dem Wunsch des Papstes, die Krippenreliquien ehren, die in einem wertvollen wiegenförmigen, von Engeln gehaltenen Kristallgefäß eingeschlossen sind.

Die in der Krypta befindliche Statue von Papst Pius IX. im Gebet, ein Werk des Bildhauers Ignazio Iacometti von geringem künstlerischem Wert, entstand im Auftrag von Leo XIII. zum Gedenken an einen Papst, der die Gottesmutter mit kindlicher Hingabe verehrt hatte.

Die Mosaike und ihre Bedeutung

Als gewiß interessantester Aspekt der Basilika erweisen sich die Mosaike. Sie sind sichtbares Zeugnis der alten Kirche. Ihre biblisch-theologische Bedeutung wird noch dadurch gesteigert, daß die Heilsgeschichte einst vorzugsweise durch allgemeinverständliche Bilder vermittelt wurde, die auch den Menschen, die des Lesens unkundig waren, zu einem umfassenden Verständnis verhalfen. Von den Originalmosaiken aus der Zeit von Sixtus III. fehlen zwar die Apsisbilder, an deren Stelle nunmehr viel später entstandene Mosaike zu sehen sind; es ist aber - abgesehen von dem völlig anderen Stil - anzunehmen, daß es sich auch bei der früheren Auskleidung des alten Apsisgewölbes um eine Darstellung der heiligen Jungfrau mit dem Kind gehalten haben dürfte, so daß das marianische und christologische Programm inhaltlich unverändert in seiner Einheitlichkeit bewahrt blieb.

Auch die Restaurierungen mancher Bilder im Laufe der Jahrhunderte, die gemalten Ergänzungen beschädigter Mosaike und gar die Zerstörung ganzer Felder anläßlich der Errichtung der Cappella Sistina und dann der Cappella Paolina (insgesamt drei pro Seite) werfen Probleme auf.
Im Mittelschiff haben sich von den ursprünglich 42 Mosaiken nur 27 erhalten, wobei allerdings die oben erwähnten sechs Felder in Zeichnungen aus dem 17. Jh. überliefert sind.
Thematisch beginnt der Zyklus an den Langhauswänden unter den einst 42 Fenstern, und zwar beim letzten Bildfeld links vor dem Triumphbogen. Auf den beiden gegenüberliegenden Wänden wird anhand der Darstellung bedeutender biblischer Figuren die gesamte Geschichte des Alten Testaments geschildert. Zur Linken bilden Szenen aus dem Leben von Abraham, Isaak und Jakob die Glieder einer Kette, die uns durch die Generationen bis zur Geburt des Messias geleitet. Rechts nehmen die Szenen des Lebens von Moses und Josua und ihre lange, vierzigjährige Wanderschaft durch die Wüste, die das jüdische Volk aus der

Die Mosaike des Triumphbogens und (auf nebenstehender Seite) das *Himmlische Jerusalem* im Detail

Das Apsismosaik von Jacopo Torriti mit der *Marienkrönung* und *Szenen aus dem Leben der hl. Jungfrau*

S. 152-153, Detail des Apsismosaiks mit einem Flußgott und einem Schiff

Jacopo Torriti, *Geburt Christi*: Auf der nebenstehenden Seite: Detail der Mosaikverzierung in der Apsis

ägyptischen Sklaverei ins Gelobte Land führte, sozusagen die grundlegende Befreiung des Menschen voraus, die der Erlöser mit seiner Geburt, seinem Tod und seiner Auferstehung bewirken würde.

Die Verheißungen des Alten Testaments werden eingelöst in der Person Jesu, des menschgewordenen Gottessohnes, geboren von der Jungfrau Maria. Dieses Thema wird in den Mosaiken über dem Triumphbogen behandelt.

Alle Szenen befassen sich mit der Jugend Jesu, d. h. mit Episoden aus den Evangelien von Lukas (1-2) und Matthäus (1-2). Dargestellt sind sie auf drei übereinanderliegenden, jeweils zwei Felder umfassenden Bildstreifen. *Die Verkündigung*, *Der Traum Josephs* und *Die Anbetung der hll. Drei Könige* sind einige der geschilderten Szenen. Weiter unten repräsentieren die Städte Bethlehem und Jerusalem eine Synthese der gesamten Heilsgeschichte: Bethlehem als Stadt Davids, des Königs, aus dessen Geschlecht der Messias kommen sollte, stellt das letzte Kapitel des Alten Testaments dar. Jerusalem, die Stadt des Todes und der Auferstehung von Jesus Christus, ist der Ausgangspunkt für einen neuen Weg der Menschheit.

Die zwölf Schafe, und zwar sechs auf jeder Seite, die sich an den Toren der beiden Städte zeigen, versinnbildlichen eindeutig dieses neue Volk Gottes, das unter der Führung von Jesus, des guten Hirten, den Weg des Heils beschreitet.

In der Mitte des Triumphbogens ist die *Inthronisierung des Kreuzes* dargestellt, als Schlußpunkt der durch Christus Wirklichkeit gewordenen Erlösung, von welcher die Kirche, hier repräsentiert

Mosaike des Mittelschiffs: *Moses und die Töchter des Pharaos*, Detail. **Rechts:** *Die Eroberung Jerichos*, Detail

durch die Apostel Petrus und Paulus zu Seiten des Throns, Zeugnis ablegt.

Das, wie gesagt, nicht ursprüngliche Apsisgewölbe wurde in den Jahren zwischen 1291 und 1296 von Jacopo Torriti ausgeführt.

Ihr Alter mindert in keiner Weise die Botschaft der antiken Mosaike, vielmehr erfährt sie dadurch Bestätigung und besondere Wertsteigerung: Was im Alten Testament verheißen und im Neuen eingelöst wurde, erreicht in Maria seinen allumfassenden Höhepunkt.

Die Apsis ist in zwei Bildbereiche geschieden: Oben sieht man die *Marienkrönung*, während weiter unten, auf dem Streifen zwischen den Fenstern, das Leben der Jungfrau Maria zu sehen ist. In der Mitte dieses Streifens befindet sich die Darstellung der *Dormitio*, ein in der Überlieferung häufig benutzter Begriff, der den einfachen Übergang Marias von hiesigen Leben ins Jenseits unterstreicht. Es gibt offenbar keinen Hinweis auf die Himmelfahrt, auf welche allerdings ausdrücklich in dem darüberliegenden Mosaik Bezug genommen wird, und zwar sowohl durch die Verklärung Marias als auch im Schriftzug weiter unten: *„Die Jungfrau Maria, aufgefahren in den Himmel, wo der König der Könige auf einem sternenübersäten Thron sitzt. Die heilige Muttergottes ist*

Mosaike des Mittelschiffs: *Abraham und Lot.* Auf der nebenstehenden Seite: *Die Gastfreundschaft Abrahams*

S. 158, die *Durchquerung des Roten Meeres*

ins Himmelreich erhoben, über die Engelschöre".

Die Worte des geöffneten Buchs, das Christus in seiner Linken hält, verleihen der gesamten Darstellung Sinn: „*Komm, meine Geliebte und ich setze Dich auf meinen Thron"*. Nicht zwei Throne sind dargestellt, sondern nur ein einziger, um die enge Beziehung zu unterstreichen, die Mutter und Sohn im Heilsplan der Menschheit aneinanderbinden.

Die Kirche, hier repräsentiert durch Heilige, die Christus und die Madonna umrahmen, erkennt in der Verklärung Marias im Voraus die letztgültige Bestimmung der gesamten Menschheit.

Dieses Bild und seine Bedeutung fassen in sich die gesamte Geschichte der Basilika Santa Maria Maggiore. Die vielen Überarbeitungen und stilistischen Noten, die sich im Laufe der Jahrhunderte an diesem Ort überlagert haben, werden somit gleichsam zum ausdrücklichen Bekunden liebevollen Wohlwollens der Gottesmutter gegenüber.

Grundlegende Literatur

M. ARMELLINI, *Le chiese di Roma dal secolo IV al XIX*, Roma 1942
P. BREZZI, *La storia degli anni santi*, Milano 1973
AUTORI VARI, *Il Vaticano e Roma Cristiana*, Roma 1975
A. CARPICECI, *La Fabbrica di San Pietro*, Città del Vaticano, 1983
R. STOPANI, *Le grandi vie dei pellegrinaggi del Medioevo*, 1986
R. LUCIANI (a cura di), *Santa Maria Maggiore e Roma*, Roma 1987
C. PIETRANGELI (a cura di), *San Paolo fuori le Mura*, Firenze 1989
C. PIETRANGELI (a cura di), *La Basilica di San Pietro*, Firenze 1990
C. PIETRANGELI (a cura di), *San Giovanni in Laterano*, Firenze 1991
N. DEL RE (a cura di), *Mondo Vaticano*, Città del Vaticano 1995
B. MONDIN, *Dizionario enciclopedico dei papi*, 1995
G. ROCCHI (a cura di), *San Pietro. Arte e storia della Basilica Vaticana*, 1996

© 1999 SCALA Group S.p.A., Antella (Florenz).
All rights reserved

Layout: Matilde Contri
Fotografischer Nachweis: FOTOARCHIV SCALA
außer S. 62-63, 73, 74, 76, 157, 158 (A. Jemolo, Rom); S. 64, 72, 75, 77, 79, 87, 94, 106-107, 109, 111, 113, 117, 133, 137, 138, 139, 140, 141, 142, 143, 145 (Vasari, Rom)
Übersetzung: Christiane Büchel
Editing: Patrizia Bevilacqua

Druck: LitoTerrazzi, Firenze, 2012